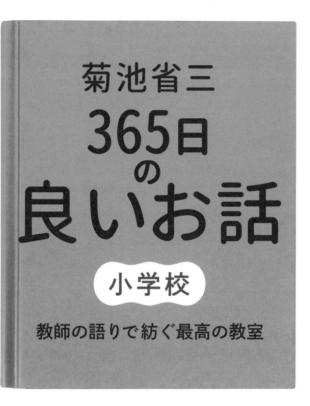

菊池省三
365日の良いお話
小学校
教師の語りで紡ぐ最高の教室

菊池省三・菊池道場 著

明治図書

はじめに

　子どもたちに価値ある話をするのは，教師としての仕事です。
　子どもたちに価値ある語りを聞かせるのも，教師としての仕事です。
　忙しい毎日の中で，このことが忘れ去られてきているように感じています。
私は，1年の大半を全国の学校に行っています。たくさんの授業を参観した
り，たくさんの飛込授業を行ったりしています。このような生活を10年以上
も続けています。

　そんな中で，多くの先生から，
　「菊池先生の話は，子どもたちの中にストンと落ちていきますね」
　「子どもたちが，菊池先生の話を食い入るように聞いていました」
　「子どもに届くあの語り方は，どうやって身につけたのですか？」
　「教師のパフォーマンス力は大事ですね。ポイントは何ですか？」
　といった感想や質問をいただくことがあります。嬉しい「ほめ言葉」です。
　現職として教壇に立っていた33年間と，その後の10年間で身につけたコミ
ュニケーション力を，今回は『菊池省三　365日の良いお話　小学校』とい
う形で，菊池道場の仲間とまとめてみました。

　本著の特色として以下の3点を挙げたいと思います。
　1つ目は，双方向のコミュニケーションを意識したということです。今ま
での教師の話し方について書かれた教育書は，どちらかというと一方通行の
「スピーチ」型が中心でした。
　本著は，双方向のコミュニケーションを強く意識しました。具体的な子ど
もたちとの「やりとり」を入れて，「会話・対話」型を中心としたのです。
それによって，教室内のリアルな語りの様子や雰囲気が再現されていると思
います。

２つ目は，語る話の中に力のある資料や具体例を入れているということです。価値ある生き方をされた先達の言葉や，言い伝えられている名言や格言を入れているということです。

　話の構成にも工夫を凝らし，それらの言葉が「お説教」にならないようにもしています。子どもたちの心に強く残る話の内容になっているはずです。

　３つ目は，教師のパフォーマンスを意識して，その在り方を示しているということです。コミュニケーションは，言葉だけではありません。教師が語るときの，表情や口調，体の動きなども細かく示しています。

　教師の非言語の在り方，つまりパフォーマンスは，子どもたちの感情を大きく左右します。それらによって伝わり方が大きく変わるのです。

　本著の内容を参考に，先生方が実際に語るときの参考にしていただきたいと思います。

　この小学校版は，菊池道場千葉支部の植本京介先生を中心に８名の先生方に執筆していただきました。実際に教室で子どもたちに語り，その事実をもとに文字を起こし，何度もその原稿の検討を行っていただきました。

　それだけに，どの話も安定性があり，力のあるものになりました。その量は，内容をテーマ別に15節に分けて総数が60話になっています。執筆していただいた先生方に心から感謝しています。ありがとうございました。

　本著が，先生方が目指す「最高の教室」に近づく語りの「最高の教科書」になることを，執筆者全員が願っています。

　子どもたちに価値ある話を，自信をもって語っていただきたいと思います。

2025年１月　　菊池道場　道場長　菊池　省三

目次

はじめに 002

1章 最高の教室をつくるお話と語り 012

2章 ほめ言葉があふれるクラスにする 365日のお話

第1節 「学級開き」で思いを伝えるお話

026 | **リセット**
　　　マイナスの行動を断ち切らせるための語り

028 | **ひとりぼっちをつくらない**
　　　学級全員で成長していくことの大切さを伝えるための語り

030 | **1人が美しい**
　　　自分1人でも望ましい行動がとれる個を育てるための語り

032 | **言葉を大切にした学級づくり**
　　　言葉の大切さを伝えるための語り

第2節 「友達の良さ・大切さ」を伝えるお話

036 | **三十人三十色**
　　　友達と一緒に学び合う意欲を高めるための語り

038 | **友達とよろこばせごっこ**
　　　友達と良い関係性を築こうとする意欲を高めさせるための語り

040 | **友は師**
　　　友達の助言を素直に聞く態度を育てるための語り

042 | 喜びは2倍，悲しみは半分に

友達と喜びをわかち合う良さを実感させるための語り

第3節 「クラスのまとまりをつくりたいとき」のお話

046 | ファーストペンギンとセカンドペンギン

望ましい行動を学級に広げていくための語り

048 | 群れと集団とチーム

目的意識をもたせるための語り

050 | 全員がフォワードだったら？

一人ひとりの個性を活かし合う集団を目指すための語り

052 | 競争は協創

競い合い，高め合う雰囲気をつくるための語り

第4節 「公」と「私」を学ぶお話

056 | より良い教室の3条件

教室での関わり方をより良いものにさせていくための語り

058 | 信頼貯金を貯めよう

約束を守り，信頼を得る行動を学ばせるための語り

060 | 正しい叱られ方

叱られたことをプラスに捉え，成長につなげさせるための語り

062 | 礼に始まり礼に終わる

礼儀を大切にする価値を改めて考えさせるための語り

第5節 「みんなで笑顔になりたいとき」のお話

066 | 笑顔は鏡〜人間関係は鏡である。鏡は先に笑わない〜

ペアでの意見交換であたたかい雰囲気を広げるための語り

068 | 2つの笑い〜ニヤニヤからニコニコへ〜

表情が相手に与える影響を考えるための語り

070 | 遊ぶときは無邪気になれ

全員が夢中になって遊ぶことを価値づけるための語り

072 | 笑うから楽しい

状況を肯定的に捉え，プラスの力にするための語り

第6節 「トラブルがあったとき」のお話

076 | 陰ひなたのない人になれ

素直な心で反省する態度を育てるための語り

078 | 名前は，命

名前の大切さを実感させるための語り

080 | SNS を凶器にするな

SNS トラブルを未然に防ぐための語り

082 | プラスの言葉をこだまそう

言葉の大切さを伝えるための語り

第7節 「行事の良さ・意義を伝えたいとき」のお話

086 | 運動会の目的

運動会への心構えをつくるための語り

088 | 真剣さの先にあるもの

練習に取り組む姿勢をより良くするための語り

090 | ピンチはチャンス

トラブルを成長のきっかけに変えるための語り

092 | 過去の努力と未来への努力

運動会までの努力を，次に活かすための語り

第8節 「成長を実感させたいとき」のお話

096 | 素直な人は成長する

素直に成長し合うことの良さを伝えるための語り

098 | 「変わったこと」から「成長したこと」へ

成長をよりはっきりと実感させるための語り

100 | 「失敗と挫折」の先にある成長の実感

失敗や挫折の先に成長が待っていることを伝えるための語り

102 | 人は変われる

「人は変わることができる」と勇気づけるための語り

第9節 「話す力・聞く力を育てたいとき」のお話

106 | 聞くと聴くの違い

きく目的を考えさせるための語り

108 | 対話のサイクル

聞くことから，対話力を高めていくための語り

110 | 一流の話の聞き方

聞いたことを行動や成長に結びつけさせるための語り

112 | コミュニケーション力の公式

聞き手のことを考えて話す力を育てるための語り

007

第10節 「読む力・書く力を育てたいとき」のお話

116 | 良き書物を読むことは

読書の価値を伝え，読書のレベルを高める意欲につなげる語り

118 | 作文の力は「質より量」で育つ

年度はじめ，作文に取り組む姿勢を伝えるための語り

120 | 人は言葉で進化してきた

「読むこと」「書くこと」の大切さを考えさせるための語り

122 | 読む力は想像力のもと

読むことを様々な視点から考え，学ぶ意欲につなげるための語り

第11節 「努力の大切さを伝えたいとき」のお話

126 | 努力の壺

努力してもできないという考えをひっくり返すための語り

128 | 努力は必ず報われる

努力によって必ず人は成長できるという気持ちを育てるための語り

130 | 伝説のドアマンに学ぶ

１つのことを極めることの大切さに気づかせる語り

132 | 努力をしている方が楽

努力に対する考え方を変えるための語り

第12節 「思いやりの大切さを伝えたいとき」のお話

136 | 思いやりは想像力〜ボスになるな！リーダーになれ！〜

相手の立場を想像し，思いやりをもたせるための語り

138 | 挨拶は，相手に対する思いやり

挨拶と思いやりの関係性について考えさせるための語り

140 | 断ることも思いやり

断る行為も，成長に必要であることを伝えるための語り

142 | 思いやりの心がチームを強くする

教室を，一丸となって成長する場にするための語り

第13節 「命の大切さを伝えたいとき」のお話

146 | いじめは，心の死である

いじめを未然に防止するための語り

148 | 物にも新しい命を吹き込む

物の大切さを伝えるための語り

150 | 奇跡の存在

子どもたちが前向きに力強く生活するための語り

152 | 命は，愛で育つ

生き物の命の大切さを伝えるための語り

第14節 「自主性を育てたいとき」のお話

156 | 自分がつくった鎖を抜こう

マイナスの思い込みから断ち切らせるための語り

158 | プラス1の努力

自分から取り組む意欲を高めさせるための語り

160 | 頼まれごとは試されごと

想像力を働かせ，行動する意欲を高めさせるための語り

162 | 型を壊そう

新しいものを生み出す意欲を高めさせるための語り

009

第15節 「あなたの素晴らしさを感じさせたいとき」のお話

166 | **七転び八起き**

全員，何度も立ちなおる強さをもっていることを確認するための語り

168 | **一人ひとり違っていい**

一人ひとり違うからこそ価値があることを伝えるための語り

170 | **一人ひとり違っていい②**

一人ひとり違うからこそ価値があることを実感させるための語り

172 | **道**

未来を前向きに捉えさせるための語り

1章

最高の教室を
つくる
お話と語り

最高の教室とは

　私が考える「最高の教室」とは，次のような教室です。
・一人ひとりが自分らしさを発揮し，
・お互いがそれらを認め合い，磨き合って，
・1人も見捨てないで，全員で成長し合う教室
　そのためには，「毎日の授業」と「日常の教師の語り」が大切になります。
　「毎日の授業」で子どもを育てるということは，以前からいろんなところで言われています。授業で子どもを育てることは当たり前です。
　しかし，もう1つの「日常の教師の語り」については意外と取り上げられてきませんでした。「あの先生の学級づくりは素晴らしい」「あの先生の人柄がいいから子どもたちが育っている」といったことは，多くの教育現場でささやかれていましたが，その秘密については解き明かされてきませんでした。
　私は，その秘密のカギとなるのが「日常の教師の語り」であると思っています。何をどのように話すのか，そのあたりのことはあまり重要視されてこなかったと思うのです。我々教師は，無自覚だったと思うのです。
　小学校は，担任が毎日子どもたちと接しています。朝から帰りまでにいろんなことを子どもたちに話しています。それらは多岐にわたり，年間を通すと膨大な量です。
　どの先生も子どもたちの成長のためにと考え，毎日子どもたちに話をしています。それらが子どもたちによりたしかに伝わることで，教室は大きく変わってくると思います。成長する「最高の教室」に近づくと思います。
　ところが残念なことに，そうなっていない教室も多いのが現状です。教師の話と語りが子どもたちに届いていないのです。
　本著では，「最高の教室」をつくり出すために，15のテーマごとに4つずつの話を集めました。合計60話になります。そして，それらの語りの在り方を具体的に示しました。
　次ページからその根底となる考え方や基本となる実践群について述べます。

教師が身につけるべき2つのコミュニケーション力

教師が身につけるべきコミュニケーション力には2つの種類があります。

1つ目は,論理的なコミュニケーション力です。

わかりやすさを追究するコミュニケーション力です。

例えば,次のような話し方です。

・結論の後に理由を話す

　例）静かにします。なぜかというと～～だからです。

・話したいことを3つに整理して話す

　例）大切なことが3つあります。

　　　　1つ目は,～です。2つ目は,～です。3つ目は,～です。

　ある知識や情報を一斉に伝えるときには有効な話し方です。どちらかというと,一方通行になりがちなスピーチ系の話し方です。

　コミュニケーション関係の多くの教育書やビジネス書では,この話し方を紹介する内容が多く取り上げられています。プレゼン的な話し方が中心となるため,声の出し方や大きさ,話すスピードや態度などが指導のポイントと示されることが多いです。一言でいうなら説明文的な話し方です。

　2つ目は,話芸的なコミュニケーション力です。

　国語科でいえば,音読→朗読→語りの系列になる文学的な話す力です。

　ここでは,話し方の工夫が求められます。例えば,声の大小や口調,間（ま）,抑揚,体の動きや顔の表情などです。スピーチ的ではなく,話し言葉らしいトーク的な話し方になることによって,子どもたちの心に響く話し方になります。子どもたちからの反応も豊かになるので,双方向のコミュニケーションが生まれてきます。教室の中に,会話や対話が生まれてくるのです。

　私たち菊池道場は,この2つのコミュニケーション力を大事にしていますが,今回のお話の語りでは,後者の話芸的な話し方を重視しています。

1章　最高の教室をつくるお話と語り　013

2つのコミュニケーションの公式

　私たち菊池道場では，コミュニケーションに関する公式を，次の2つにまとめて表しています。

　◆コミュニケーション力の公式＝（内容＋声＋表情・態度）×相手軸

　これは，どちらかというとスピーチ系のコミュニケーションの公式です。つまり，子どもたちの前で，ひとまとまりの話を筋道立てて話すときには意識しておきたい項目を示しています。
　○内容……わかりやすい構成，具体的な表現など
　○声………ちょうど良い大きさ，高低，間（ま）など
　○表情……笑顔，視線，目の動きなど
　○態度……指や手や腕の動き，足の動きや開き方など
　○相手軸…愛情，豊かな関わり合いなど
　全体に伝えようとするときには，この公式の考え方が重要です。

　もう1つのコミュニケーションの公式は，会話や対話時の公式になります。次のように考えています。

　◆会話力・対話力の公式＝聞くこと×話すこと

　お互いが，同じくらい話したり聞いたりし合うことを基本としていることを示しています。「5×5」が最大積になることを示しているのです。
　もちろん話せなくても一生懸命にリアクション豊かに聞いていたら，この公式は最大積に近づいていて成り立っているという考え方をしています。
　そして，会話や対話は話し手と聞き手が交代しながら成立していくものですから，子どもたちと呼応しながら話を進めていく教師の語りの場合は，前述したコミュニケーション力の公式の各要素が特に問われることになります。
　声や表情や動きといった教師の非言語パフォーマンス力が問われることになるのです。このことは，本著でも重要視したポイントでもあります。

ライブ力を意識した教師のパフォーマンス力

　私は，授業や指導時に話を語る際に，次ページで示している「菊池省三が考える「授業観」試案⑦　「コミュニケーション科」授業ライブ力」の各項目をいつも意識しています。

　外側の「笑顔力」「上機嫌力」「身体表現力」「10割ほめる力」の４つは，その場の空気をつくり動かす上でとても大切です。本著でも強く意識したことです。どの語りにおいても必要なものです。

　この４つを活かしながら，中の「マネジメント力」「トーク力」「つかみ力」「パフォーマンス力」を話の内容や展開によって工夫していくのです。

　教室での教師の語りは，その場そのときのまさしくライブであります。教師のパフォーマンス力が問われます。

　パフォーマンス学の第一人者である佐藤綾子氏は，『カウンセラーのためのパフォーマンス学』（金子書房）で，身体動作を以下のように７つに分類しています。

　①顔の表情（目の動き，眉の動き，口の形）

　②視線（まばたき，凝視の方向，凝視の時間，瞳孔の拡張）

　③指・手・腕の動き，腕組み

　④姿勢（向き，傾き，立ち方）

　⑤首のうなずき，かしげ方

　⑥身体全体の移動時間

　⑦足の動き，開き方

　話を語るときにも，この身体動作は意識したいものです。ライブ感が出てきます。話し手である教師と聞き手である子どもたちが呼応してきます。

　前ページの「会話力・対話力の公式」のところでも述べたように，非言語パフォーマンスが重要なのです。

　教師は，自分が表現者であることを強く意識すべきだと考えています。

1章　最高の教室をつくるお話と語り　015

菊池省三が考える「授業観」試案⑦
「コミュニケーション科」授業ライブ力

ver.1.5

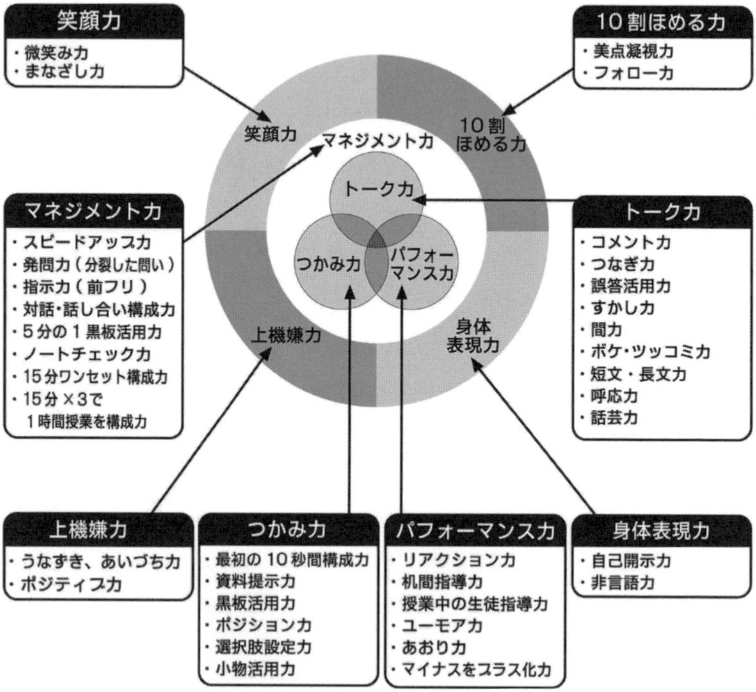
笑顔力
・微笑み力
・まなざし力
10割ほめる力
・美点凝視力
・フォロー力
笑顔力
マネジメント力
10割
ほめる力
トーク力
つかみ力
パフォーマンス力
上機嫌力
身体
表現力
マネジメント力
・スピードアップ力
・発問力（分裂した問い）
・指示力（前フリ）
・対話・話し合い構成力
・5分の1黒板活用力
・ノートチェック力
・15分ワンセット構成力
・15分×3で
1時間授業を構成力
トーク力
・コメント力
・つなぎ力
・誤答活用力
・すかし力
・間力
・ボケ・ツッコミ力
・短文・長文力
・呼応力
・話芸力
上機嫌力
・うなずき、あいづち力
・ポジティブ力
つかみ力
・最初の10秒間構成力
・資料提示力
・黒板活用力
・ポジション力
・選択肢設定力
・小物活用力
パフォーマンス力
・リアクション力
・机間指導力
・授業中の生徒指導力
・ユーモア力
・あおり力
・マイナスをプラス化力
身体表現力
・自己開示力
・非言語力

でも、子どもたちが楽しく学び合う、授業をつくっていくキーパーソンは教師でありますから、この教師のパフォーマンス力っていうのはすごく重要だと思います

あるいは、関係性をつくって動かす、そういった力っていうのはすごく重要になると思います

教師の話とその語りを効果的にする菊池実践

　ここからは，本著でもいくつか取り上げられている菊池実践について説明します。

①「ほめて・認めて・励ます」を基本とする

　私たちは，「型」を重視する授業観ではなくて，「学習意欲」を重視する授業観に立っています。子どもたちを加点法で評価しています。

　私は，授業中は「10割ほめる」を努力目標にしています。授業中に叱ったら教師の負けであると考えています（生活面で叱ることはあります）。

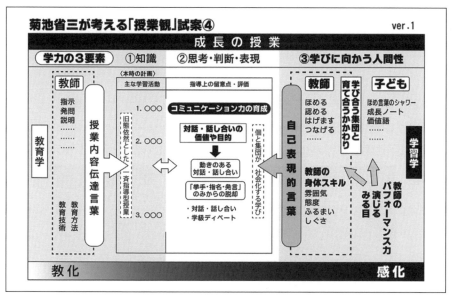

　この試案④は，ほめることでどのような授業や指導を目指しているのかを示しています。

　従来の指示，発問，説明といった授業内容伝達言葉が中心の授業ではなく，ほめて・認めて・励ますといった教師の感動からくる自己表現的言葉も意識した授業観や指導観に変えたいのです。

　本著の話の語りにおいてもこの考え方は変わっていません。

1章　最高の教室をつくるお話と語り　017

②価値語

「価値語」は，私がつくった造語です。子どもたちの考え方や行動をプラスに導く言葉を「価値語」と呼んでいます。

例えば，たった1人でも正しいことややるべきことをしている子どもがいたら，「1人が美しい」という言葉とともにほめたり，全員で交流するときには「ひとりぼっちをつくらない」といった価値を言葉で示したりして，子どもたちを成長に導く「価値語」を植林していくのです。

子どもたちの中に，こうした「価値語」が増えていくと，日常の行為が変わってきます。何が正しいことなのか，どうすることが良いことなのかが具体的にわかってきます。

徳目的に抽象的な言葉を示すのではなく，日々の学校生活の事実と関係した，生きた言葉を示すことが大切なのです。公の場での振る舞いが美しくなっていきます。

本著の語りの中でも，子どもたちの成長に必要な価値ある言葉を，シャワーのように与え，植林しています。

（写真は，価値ある行為の写真と価値語をセットにした「価値語モデル」）

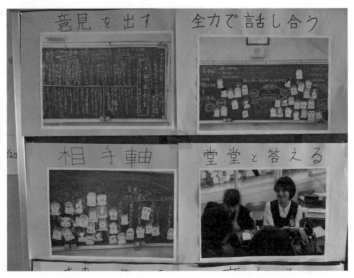

③ほめ言葉のシャワー

　ほめ言葉のシャワーは，30年ほど前に始めた私の実践です（参照：『ほめ言葉手帳』明治図書）。現在では，北は北海道から南は九州・沖縄にまで日本全国に広がっています。また，小学校の教室から始まりましたが，今では，保育園・幼稚園，中学校や高等学校，企業でも実践されています。

　ほめ言葉のシャワーは，「一人ひとりの良いところを見つけ合い，伝え合う活動」です。学級経営にも直接関わってくる活動です。

　ほめ言葉のシャワーが軌道に乗ってくると，子どもたちの様子が変わってきます。それは，授業にも大きな変化をもたらします。子ども同士の横の関係が良くなりますから，ペアやグループでの学習が活発に行われるようになります。

　本著での話の語りの後に，そこで学んだことを日々の生活に活かしている子どもたちが，お互いにほめ言葉のシャワーを使ってほめ合うことで，より高め合おうとすることでしょう。

（写真は，その日の主人公にほめ言葉のシャワーを行っている様子）

1章　最高の教室をつくるお話と語り　019

④成長ノート

　「成長ノート」は、「ほめ言葉のシャワー」と並ぶ、私にとって二大実践といえるものです。25年ほど前から取り組んでいます。

　「ほめ言葉のシャワー」で、コミュニケーション力を育て、「成長ノート」では、書く力を育てることを目指しています。

　このノートは、一言で表すならば、「教師が全力で子どもを育てるためのノート」です。教師が、クラスの子どもたちを社会に通用する人間に育てようという強い思いをもとに、教師自身が信じる価値観を子どもに投げ続け、子どものそれに対して真剣に応えていくという、双方向のノートなのです。

　具体的には、「成長ノート」の指導は次のねらいをもって行います。

　・教師が書かせるテーマを与える
　・書くことに慣れさせる
　・自分の成長を意識させる
　・教師と子どもがつながる

　本著の実践でも積極的に活用しています。

（写真は、教師のコメントが入った実際の「成長ノート」です）

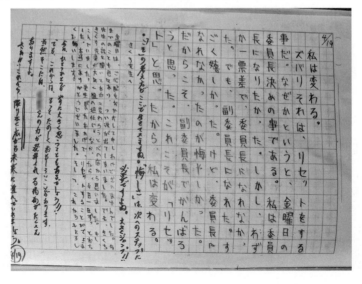

⑤5分の1黒板

「5分の1黒板」とは，黒板の左端に授業を行い進める中でキーワード（価値語）となる言葉を書いていく取り組みです。悪しき一斉指導からの脱却を目指して，20年ほど前から取り組んでいます。

パソコンでいえば，OSにあたる事柄を言葉にして示しています。授業内容（アプリ）を動かす要となる言葉を書いていく指導法です。

具体的には，以下のような言葉です。

・あたたかい空気感（を上げる1時間にしよう）
・あたたかい笑顔（があふれる1時間にしよう）
・やる気の姿勢，切り替えスピード（を意識しよう）
・公の言葉（を大切にして知的に学び合おう）

目指しているのは，「知識・技能偏重」の授業観ではなく，子どもたちの「変容重視」の授業観です。子どもたちをほめて育てるために黒板の左端の5分の1を活用しているのです。

本著でも，指導の中で押さえたい学びのポイントを「5分の1黒板」に示しています。

（写真は，価値語が並んでいる実際の「5分の1黒板」です）

⑥白い黒板

　「白い黒板」とは，黒板の中央にテーマを書き，それについて子どもたち全員が，自分の考えを書いていく活動です。白いチョークの文字で黒板が白く見えるようになるところから「白い黒板」と呼ぶようになりました。

　黒板に書かれたことをもとに，新たな目的や目標をつくり上げていきます。「白い黒板」を書いた後，全員の意見を聞いたり，交流したりして，新たな自分の考えを成長ノートに書き出させ，教師がコメントを書きます。こうした取り組みによって，「公」を意識した子どもが育ち，教師と子どもをつなぐ手立てになっていきます。

　「白い黒板」ができあがると，子どもたちは達成感を感じます。全員の意見が１つになってできあがった黒板は，子どもたちにはとても嬉しいものです。「白い黒板」は，子どもたちが全員で創る学級の象徴です。また，黒板を「教える側の教師」から「学びの主体である子どもたち」に開放することでもあります。教師の話や語りから学んだことを，「白い黒板」で共有することは，子どもたちの心に深く刻まれます。

（写真は，黒板が白く見えるほどに文字が書かれた「白い黒板」です）

（菊池　省三）

2章

ほめ言葉があふれる
クラスにする
365日のお話

「学級開き」で思いを伝えるお話

　第1節では，4月初めからゴールデンウィーク前までを想定しています。この時期は，新しく担任になった教師に，子どもたちはとても期待をもっています。その分教師の話もよく聞きますし，どういう先生なのかとてもよく観察しています。

　しかし，この学級をどういう風にしたいのか，教師から一方的に熱く語りかけても，子どもたちの心には響きません。反対に距離が生まれるだけです。

　そうではなく，子どもたちをよく見て，その子たちに合わせて活動をさせ，実際に体感させることで，1年間でより成長していきたいという気持ちを強くさせるのです。

この節のポイント
①子どもが，教師のビジョンを体感的に理解する
②教師は，「1年間で育てる」という意識を強くもつ

子どもが，教師のビジョンを体感的に理解する

　教師が1年間，どういう授業を行い，どういった学級をつくっていきたいのかを，授業における活動を通して子どもたちに実感させます。

　4月は慌ただしい時期です。当番決めや委員会決めなど，やることも盛りだくさんです。ただし，それだけで終えることなく，授業の中で，教師がもっている学級のゴールイメージを，子どもたちが体験を通して理解することが重要です。年度はじめは，そのような授業を意図的に多く仕組むのです。

　それらの授業の中に，子どもたちが引きつけられたり，意表を突かれたりする「お話」を入れていきます。それを体験とセットにすることで，子どもたちは前のめりになって話を聞き，実感を伴って望ましい行動，在り方を理解していきます。子どもが能動的になって活動する機会を多く設けることが，より積極型の人間，絆の強い学級集団への成長を促すことにつながるのです。

教師は，「1年間で育てる」という意識を強くもつ

　「人はすぐには変われない」という前提に立ち，初めから完璧を求めすぎず，1年間でできるようにさせるというゆとりをもって指導します。

　年度はじめのこの時期は，子どもたちにも緊張感があり，教師の話も比較的通りやすいです。しかし，1週間も過ぎると，良い意味でも悪い意味でも，ゆとりや慣れが出てきます。年度はじめは子どもたちも，無理をしてでも教師の要求に応えようとしますが，そのイメージだけをもったまま指導すると，教師と子どもたちの間に少しずつ距離ができてしまいます。

　その際，子どもを強い口調で指導しても逆効果です。子どもたちは毎日がんばっています。それでも，すぐに変わることは難しいのです。そのことを咎めるのではなく，同じことを繰り返し伝える中で1年間かけて少しずつ成長させる。そういった意識をこの時期はより強くもっておくことが大切です。

第1節　「学級開き」で思いを伝えるお話

中・高学年

リセット

>>> マイナスの行動を断ち切らせるための語り

ねらい　初日の学級指導の最後に、子どもたちの具体的な姿を取り上げてほめた後、昨年度までの良くなかった行動を引きずることなく、何事も新しく取り組ませる気持ちをもたせます。

　先生からどうしても話したいことがあります。やっていることの手を止めて、顔を上げます。

　今日1日、「がんばろう！」という気持ちがあふれていました。Aさんの切り替えのスピードの速さや、Bさんの話の聞き方など、挙げたらキリがないくらい、みんなとてもがんばっていましたね。

　（ゆっくりと子どもの方に歩いて行きながら）

　先生、去年の君たちのことは、詳しくは知らないんだけど…。

　去年までの自分や、自分たちのことで、「なおしたいなあ」「変わりたいなあ」と思っていることがある人も、いるのかもしれないですね。授業でわからないところがあったらすぐにあきらめてしまったり、掃除を陰でさぼっていたり。

　だからこそ、新しい学年の初日を、絶対良い1日にしよう！という意気込みで学校に来て、今がんばっているのでしょうね。そうですよね。

・明るい声
▶ 多くの子がすぐに反応して話を聞く姿勢になる

・声のトーンを少し下げて
▶ 緊張感が増し、背筋を伸ばして聞く子が増える

・明るくテンポ良く
▶ 教師の目を見て聞いている

英語のことわざで，

> Well begun is half done

というものがあります。「物事は最初にがんばることが一番大事」という意味です。もう，英国では600年以上前から言われ続けている言葉です。

　先生とみなさんにとって，今日がスタートの日です。そしてみなさんは，とてもがんばって１日を過ごしました。最初をがんばりましたよね。

　だから，去年までの悪いことは，ここで０にしましょう。今日から変われば良いのです。

　先生は，昨年度のことは，問いません。今日から本気でがんばって，成長を目指すみなさんと，一緒に楽しく過ごしていきたいのです。

　リセットして，１年間，成長し続ける道を進む人は，ピンと手を挙げましょう。

　全員ですね。みんなでがんばりましょう！

・子どもの表情や反応を見ながら，意味の説明を加えたりしても良い
▶ 納得しうなずきながら聞いている

・穏やかに言い切る
・真顔で力強く語る
▶ 目を見開き，緊張感と期待感をもって聞いている

・選択させる
▶ 多くの子がピシッと手を挙げる

POINT

❶初日の中で子どもの具体的な行動を見つけ，価値づけた後に語ることが大切です。子どもと出会った直後に語っても，子どもたちには響きません。

❷昨年度，うまくいっていなかった学級・学年ほど，効果が高いです。「昨年度は問わない」と，本気で言い切ることが大切です。

（植本　京介）

第1節 「学級開き」で思いを伝えるお話

全学年

ひとりぼっちをつくらない

>>> 学級全員で成長していくことの大切さを伝えるための語り

授業中の友達同士での交流場面の前に，友達と関わることができず，1人になってしまう場面を未然に防ぐことで，学級全員で学ぶ環境をつくり，安心して活動できるようにします。

それでは，今から自分の考えた意見を，自由に立ち歩いて，たくさんの友達と意見交換をします。

…あ！席を立つ前に大切なことを言い忘れてました。噂で聞いたんですけどね。

（少し間をとって，1人の子に話すように小声で）

男の子は男の子同士，女の子は女の子同士でしか交流できない〇年生が，日本の小学校に増えているんだそうです。

それって，すごく格好悪いことですよね？

まさか…。この素敵な〇年△組で，そういうことは起きませんよね…？　そうですよね？

（少し声を大きくして全体に向かって）

先生，心配性だから，もう1つ確認してもいい？

席を立って自由に交流するけど，ひとりぼっちになってしまう友達も，つくりませんよね？

もし1人になっている友達がいたら，「一緒にやろう」と声をかけてあげますよね？

▶ 教師の指示に身構える子もいる

・声のトーンを少し下げて

・良くない事例であることが伝わるように，真顔で

▶ うなずく

・冗談のように話す

▶ 少し引きつった顔で，うなずく

・少しテンポを上げて話す

▶ 緊張した面持ちの子どもも半数程度いる

（交流→交流終了）

さすがです。男女関係なく，ひとりぼっちをつくらないで話し合いをすることができていました。

アフリカのことわざに，こういうのがあります。

> 早く行きたければ1人で行け。遠くに行きたければみんなで行け。

学級が大きく成長するためには，1人として欠けてはいけないのです。

ひとりぼっちの人がいなくて，全員で活動できると，何倍も気持ちがいいんですよね。そう感じませんか？

今のみなさんを見ていたら，大きく成長できる学級だと確信できました。とても嬉しいです。

▶ 最初は多少戸惑いながらも，段々と良い交流の仕方が増えていく

・子どもが注目していることを確認しながら板書する
・仮に全員ができていなかったとしても，できていた部分を大きく取り上げて話す

▶ 真剣な表情でうなずく

POINT

❶「男女関係なく」「1人も見捨てない」などに価値のあることを，子どもは耳にしたことがあります。しかし，行動に移すことが難しいのです。具体的な姿も提示してから活動させることで，多くの子どもたちが意識し，安心して行動できるようになります。

❷最初から完璧には行動できません。少しでも良くなっていることを教師が見取り，それを全員に共有させていくことが肝心です。

（植本　京介）

2章　第1節　「学級開き」で思いを伝えるお話　029

第 1 節　「学級開き」で思いを伝えるお話

全学年

1人が美しい

>>> 自分1人でも望ましい行動がとれる個を育てるための語り

全員で活動する際など，周りの望ましくない行動に引きずられて行動している子どもがいたとき，その行動に流されるのではなく，自分の頭で考え判断し，望ましい行動をとることができる個を育てます。

　教科書2ページ分を，自分の声が黒板から跳ね返ってくるくらいの声を出して，音読します。いいですか？　それでは，（間をとって）立ちましょう。
　読み終わったら，座って，2回目を読みましょう。では，どうぞ。

　はい，やめましょう。全員座りましょう。
　（ゆっくりとAさんのそばに歩いていく）
　今，先生，Aさん，すごいと思ったんですよ。本当にすごいと思いました。どうしてか，わかる？
　そうしたら，隣の友達と，何でかなって相談しましょう。どうぞ。

　はい，やめましょう。わかる人？
　「1人になっても最後までがんばっていたからです」
　そうですね。Aさんは，最後の1人になっても座らずに，きちんと読み終えてから座ったんですよね。

・全員が揃って活動を始められるように一人ひとりを見ながら話す
▶一斉に読み始める

・全体に響く声で
▶教師の方に視線を移す

・小さめの声で話す
▶真剣に教師の話を聞いている

・読み終わっていないのに座った子を見て話す

もし先生が，同じような状況だったら，周りの人が座っていくのを見て，自分も座ってしまったんじゃないかなって，思うんです。心が弱いから。

でも，Ａさんは，違いますよね。周りと自分を比べて，自分が遅いことが恥ずかしいと思うのではなく，自分がやらなければいけないことをごまかすのが恥ずかしいと思って，最後までやり切ったんですよね。そうですよね。

こういう人のことを，「１人が美しい」というのです。

これを４月の初めからできるのはすごい！

１人が美しいＡさんに，拍手を送りましょう！

Ａさんのような，１人が美しい人が教室に増えることを，先生は期待しています。そうなるために，自分がこれからがんばることを，成長ノートに書きましょう。

・１人に話しかけるように語ることで，逆に全体の意識を引きつけるようにする

▶ 自分の行動について顧み，緊張感をもった顔つきになる

・力強くほめる

▶ 力強く拍手する

▶ これからより良く成長したいという思いを，勢いよく書く

POINT

❶ 何かを判断する際に，必ず自分で判断し，望ましい行動をとることができる子どもが出てきます。その子どもを大きく取り上げてほめることで，全体にその望ましい価値を共有することが大切です。

❷ 周りに引きずられて行動をとってしまう子がこの時期にいるのは当たり前です。その子どもを注意するのではなく，できている子どもをほめて，行動の変化を促します。

（植本　京介）

第1節 「学級開き」で思いを伝えるお話

高学年

言葉を大切にした学級づくり

>>> 言葉の大切さを伝えるための語り

ねらい 1年間，言葉を大切にした学級を全員でつくることを，言葉の力を気づかせながら確認し，言葉を大切にしようとする意欲を高めさせます。

 ※実際には写真を提示する

この写真の方，知っていますか？
「見たことはあるような…」
「図書室の伝記のところに本があります」
　そうですね。彼女はマザー・テレサといいます。貧しい人や苦しんでいる人を助けたことで，とても有名な方です。その方が，とても素敵な言葉を残しているんですが，紹介してもいいですか？

思考に気をつけなさい，○○になるから ○○に気をつけなさい，行動になるから 行動に気をつけなさい，習慣になるから 習慣に気をつけなさい，性格になるから 性格に気をつけなさい，運命になるから

・B4サイズ程度に写真を印刷し，子どもの中に入っていきながら見せる
・写真を黒板にはる
▶多くの子どもが興味をもって話を聞いている

・子どもが注目していることを確認しながら，板書する
・チョークの音だけにして，教師はなるべく話さない

これはしりとりのように，次の行に続いていくん
ですね。そうすると，2か所ある〇〇は，同じにな
ります。予想して，ノートに書きましょう。

（その後，すべての案が出るまで発表させる）

全員，一生懸命考えましたね。

マザー・テレサがどう言ったか，知りたい？

（〇〇に「言葉」と板書する）

言葉が，運命にまでつながると言っているのです
ね。このことは個人だけではなく，学級も同じだと，
先生は思います。

自分たちが良い言葉を使えば，良い学級に，悪い
言葉を使えば，悪い学級になるのです。言葉によっ
て，学級は決まるのです。

みなさんは，良い学級と悪い学級，どちらがいい
ですか？　良い学級ですよね？　自分たちが今使っ
ている言葉，どうですか？　どうしていきたいです
か？

成長ノートに，書きましょう。

・発表で出された意見はすべて肯定して受け入れる

・子どもが聞きたいように仕向ける
▶多くの子どもが驚き，その後納得したような表情になる

・板書した「言葉」を指さしながら，ゆっくりと語る
▶緊張感をもって聞いている
▶自分たちの言葉遣いを振り返っている

第1節　「学級開き」で思いを伝えるお話

ⓟⓞⓘⓝⓣ

❶この後，自分たちの言葉遣いについての振り返りや，教室にあふれさせたい
言葉・なくしたい言葉を挙げさせ，掲示するのも良いでしょう。

❷自分たちで考えてから，最後に教師が答えを言うのが大切です。その過程が
あることで，教師のメッセージが子どもたちの心に響きます。

（植本　京介）

2章　第1節　「学級開き」で思いを伝えるお話　033

「友達の良さ・大切さ」を伝えるお話

　現在，ICT を最大限活用することで，子ども一人ひとりの特性にあった多様な方法で学習を進めていく「個別最適な学び」の保障が求められています。しかしながら，一人一台端末の使い方によっては，友達と話し合ったり，交流したりする時間が減ってしまい，「孤立化」に向かってしまう場面も少なくないのではないでしょうか。

　関係性をつくっていく交流時間や活動が十分にとれていないと，友達の良さを感じられる場面も減っていってしまいます。友達とどうやって関係をつくっていけばいいのかわからないという児童も増えていくことが想定されます。

　友達同士の「横」の関係をつないでいくために，まずは教師と子どもの「縦」の関係をつくっていくことが大切です。その上で友達がいるからできる学び合いの場や交流場面を教師が意図的に設定していくことで，子どもたちは友達の良さや大切さを感じていくようになるのです。

この節のポイント
①子どもが自分の良さに気づけるようにする
②教師が友達同士をつないでいく体験や活動を仕掛ける

子どもが自分の良さに気づけるようにする

　自分が周りの人から認めてもらえているという安心感があって，初めて人は，他人の良さに気がつき，人を大切にできるといわれています。自己肯定感を高め，自分の良さに気づけるようにするためには，まず教師と子どもの縦の信頼関係を築いていくことが大切です。そうすることで，友達を大切にしようという学級の風土ができていくのです。

　教師が子ども一人ひとりと信頼関係を築く上で大切なことが，教師自身がその子の良さを具体的なエピソードを交えて語れるかということです。子どもたちを認めていく中で，友達との違いは「その人らしさ」なのだということを日頃から伝えていきます。そういった営みの中で，教師と子どもの信頼関係が生まれ，子どもが自信をもてるようにしていきます。その後，子ども同士をつないでいくことを重視していくのです。

教師が友達同士をつないでいく体験や活動を仕掛ける

　子ども同士が話し合ったり，学び合ったりする活動を中心とした授業を多く行っていきます。

　子どもたちは，「友達と仲良くするべきだ」ということは，すでにわかっているはずです。ですが，いじめや友達関係が原因である不登校児童は現在増加傾向にあります。それは，子ども同士が意見を交流させ，人と人との違いを楽しむという経験が少ないからではないでしょうか。

　知識を教えることを重視した授業では，あらかじめ決まっている「正解」を発表するだけの活動や，ペアやグループなど席が近くの友達とのみの交流活動が多く見受けられます。しかし，一人ひとり違う良さはそれでは感じることができません。そのため，教師は一人ひとりの違いを活かした授業をしていくことが大切です。

第2節 「友達の良さ・大切さ」を伝えるお話

低・中学年

三十人三十色(さんじゅうにんさんじゅういろ)

>>> 友達と一緒に学び合う意欲を高めるための語り

ねらい 授業中，1人で考えてわからなくても，友達の考えを進んで取り入れ，一緒に学び合っていくことのできる個を育てます。

　それでは，「春」と聞いて，想像できる言葉をノートにできるだけたくさん書きましょう。1つ10円です。いくら貯まるでしょうか。

　鉛筆をもって，よーい，始め！

　時間です。やめましょう。

　いくら貯まりましたか。もっとお金を増やしたいよね。どうしたらいいかな？

　「友達に聞いてみます」

　そうですね。今，〇〇さんが言ってくれたように，隣の友達の考えを10秒で聞いてみましょう。

　パッと友達と向き合うときのスピード感がいいね。スピードが速いとたくさん考えを話せるよね。

　考えが増えた人？

　いいですね。次は，グループの友達の考えを2分で聞いてみましょう。

　考えが増えた人？

▶ わくわくしている子やたくさん見つかるだろうかと心配している子がいる

・大きめの声で言い切るように話す

・短い時間でのペアトークでスピード感が出るようにし，価値づける

▶ パッと隣の友達と体を寄せ合い，自分の考えを伝えている

▶ ペアトークのときよりスピードが上がっている

いいですね。では，次は，自由に立ち歩いて，いろんな友達の考えを聞いてみよう。だれに聞きにいこうか，今考えているね。

　もっと考えが増えた人？「はい！」
　全員ですね。考えが増えたということは，学び合っているということです。1人で学ぶよりも，学び合いは楽しいものですね。
　「十人十色」という言葉を知っていますか。
　（板書する）
　「10人いれば，10人分の考えがあって，それぞれに違って良い」という意味です。
　このクラスは30人だから，

三十人　三十色

　考えは一人ひとり違うから楽しいし，友達がいるから，よりたくさんのことを学べる。学び合える。だから，友達は大事にしたいですね。

・スピード感をさらに高めるように，交流への前向きな言葉かけを行う
▶考えを増やそうと前のめりになっている
・大きめの声で言い切るように話す
・学級の人数に合わせて，数を変える
・人数が多いほど，学び合える人がたくさんいる喜びを感じられるように言葉をかける
▶みんなで学び合う楽しさを感じ，笑顔になっている

●P O I N T

❶1人で考えるよりも，友達と一緒に学び合えば，よりたくさんの学びが可能になります。実際に児童が友達と交流する中で，考えが増えていく体験をさせることで，友達がいる良さを全体に共有していきます。

❷普段から，子どものどんな発言にも，肯定的な言葉をかけるように心がけ，「一人ひとり違っていい」という学級風土をどれだけつくれるかが大切です。

（髙田　ゆり彩）

第2節　「友達の良さ・大切さ」を伝えるお話

全学年

友達とよろこばせごっこ

>>> 友達と良い関係性を築こうとする意欲を高めさせるための語り

自己肯定感が低い児童が多い学級で，自分の良さに気づかせてくれるのは周りにいる友達であることに気がつき，友達を大切にしようとする個を育てます。

　みなさんは，自分の良いところを，自信をもって言えますか。
　それでは，友達の良いところならどうでしょう。
「見つけました！」
　友達の良いところは見つけやすいんですね。
　そうしたら，今日は，隣の席の友達の良いところを紙に思いつくだけ書きましょう。どんなに些細なことでもいいですよ。

（紙に友達の良いところを書き終えたら）
　書いた紙を友達に笑顔で渡しましょう。

　どんな気持ちになりましたか。
「自分ががんばっていることを友達にほめてもらって，嬉しかったです」

　みんな笑顔ですね。人に喜んでもらうと，笑顔になるんですね。

▶自分の良いところと聞かれ，顔が曇っている子が多くいる

▶やる気になっている子どもと，書けるか不安そうにしている子どもがいる

・おだやかに笑顔で

▶自分の良いところが書かれた紙を読みながら笑顔があふれている

（板書する）
人生は〇〇〇〇〇ごっこ

これは，アンパンマンの作者，やなせたかしさんの言葉です。何という言葉が入ると思いますか。

隣の人と5秒で相談しましょう。

やなせさんは，「人生はよろこばせごっこ」だと言っています。

相手がいるから，友達がいるから，自分の良いところに気づくことができるんですね。さっき，みんなが笑顔だったように，人によろこんでもらうと，自分も嬉しくなる。人の役に立つことができた自分のことをより好きになれます。

「よろこばせごっこ」は，1人ではできないことです。だから，自分の良さに気づかせてくれる友達を大切にしたいですね。

友達をどうやって大切にしていきたいか，今日からがんばりたいことを成長ノートに書きましょう。

参考文献：
『ボクと，正義と，アンパンマン　なんのために生まれて，なにをして生きるのか』やなせたかし著（PHP研究所）

・黒板に言葉を書き，全員の視線を集めてから話し始める

▶ 〇に入る言葉に興味を持って予想している

▶ 多くの子どもが教師の話にうなずきながら聞いている

▶ 自分もだれかを喜ばせる存在になろうと笑顔になっている

ＰＯＩＮＴ

❶ 周りの友達のおかげで，自分の良さに気づくことができる活動をすることで，人は1人では豊かに生きていけないことを感じとらせます。

❷ 最後に振り返りを書くことで，今後の友達との関係づくりについてより深く考えさせることができます。

（髙田　ゆり彩）

第2節　「友達の良さ・大切さ」を伝えるお話

中・高学年

友は師

>>> 友達の助言を素直に聞く態度を育てるための語り

ねらい　苦手なことは，進んで友達に聞こうとする意欲を高め，自分を成長させてくれる友達を大切にしようとする態度を育てます。

（算数の時間に教え合っている写真を見せる）
この2人が素敵だなって思ったんですね。
どんなことがいいなと思ったでしょう。
「AさんがBさんのわからないところを教えていることです」

そうですね。Aさんは，Bさんにわかりやすく教えていました。そんなAさんも素敵なんだけど，算数が得意なAさんに「教えて！」と真っ先に聞きに行っていたBさんも素敵だなぁと思ったんです。2人は素敵な関係性ですよね。
まずは，2人に拍手を送りたいですね。
（全員で拍手を送る）

昭和時代に日本で活躍した小説家，吉川英治さんは，こんな言葉を残しています。

（板書する）

| 我以外皆我師也 |

・実際の写真を見せることで，イメージしやすくする
▶何の話だろうと興味深く聞いている

・語りかけるようにゆっくり話す

・拍手を送る子に近づき，全員の視線を集めてから拍手を送る
▶笑顔で拍手を送っている
▶どんな意味だろうと考えている

この言葉の意味を隣の友達と予想しましょう。

「私以外の人みんながお手本である」

「私以外の人みんなが先生である」

吉川さんは，すべてが師であると書いています。師とは，教えてくれる人のことですね。自分以外の人やもの，すべてが自分に足りていないことを教えてくれる。そんな素直な心で生活していくことで，人の心はより磨かれていくという教えです。

人はみんな得意なことや苦手なことがあります。苦手なことは，Bさんのように友達に聞きにいったり，「教えて！」と言ったりできるかが，自分が成長できる，できない，の分かれ道だと思うんです。

学校生活の中で，一番関わりが多いのは，友達ですね。友達は，みんな「師」です。でも「師」と思えるかどうかは，自分次第です。「師」が多ければ多いほど，自分が成長できますね。自分を成長させてくれる師＝友達をこれからも大切にしていきたいですね。

参考文献：

『われ以外みなわが師（私の人生観）』吉川英治著（学陽書房）

- 隣の友達と予想をし，どんな発言でもプラスの言葉をかける

- 落ち着いた声でゆっくりと話す

▶ 今まであったことを思い返しながら聞いている

- 最後は，明るい声で話し，前向きな雰囲気で終わるようにする

▶ 素直に友達に教えてもらおうと意欲を高めている

ＰＯＩＮＴ

❶ 友達に学習を教えている子だけではなく，教えてもらっている子に焦点を当てて価値づけることで，聞くことの意欲を高めます。

❷ 苦手なことやできないことの助言を友達に素直に聞いている子がいます。そんな姿を見逃さず，学級に価値づけることで，自分の成長には友達が必要だと実感させます。

（髙田　ゆり彩）

第2節 「友達の良さ・大切さ」を伝えるお話

中・高学年

喜びは2倍，悲しみは半分に

>>> 友達と喜びをわかち合う良さを実感させるための語り

運動会などの大きな行事の後に，様々な思い出を振り返りながら，喜びや悲しみをわかち合うことができたのは，友達がいてくれたからだという実感をもたせ，友達の良さを伝えます。

　この間の運動会，みんなとってもがんばりましたね！　運動会までの練習や本番を思い返してみましょうか。友達と一緒に取り組んで，楽しかったこと，嬉しかったこと，笑いあったこと…。

「友達がいるから　　　　　　」
　後に続く言葉をノートに書いたら持ってきてください。とっておきの1つを黒板に書きましょう。
（子どもが黒板に書きに来る）
（黒板を見て）いろんな言葉が並んでいますね。
「楽しい」「助け合える」「学び合える」
「一緒に気持ちをわかり合える」
　みんなが書いた言葉をひっくるめたら，どんな言葉になると思いますか。
　先生は，「友情」だと思いました。

> 友情は喜びを○○にし，悲しみを○○にする

▶「○○が楽しかった」「○○が大変だった」などつぶやきながら，運動会を振り返っている

・ノートを持ってきた子に，プラスの言葉かけを行う

・マイナスな言葉を書いた子がいても，すべて認める

▶思い出を振り返りながら，友達の考えを読んでいる

これは，ドイツの詩人であるシラーの言葉です。

〇〇の中には，反対の言葉が入ります。隣の人と相談しましょう。

シラーは，「友情は喜びを２倍にし，悲しみを半分にする」と言ったそうです。

運動会本番，綱引きで１位だったとき，みんなで喜び合いました。でも，練習していく中で，ときには，友達と考えがぶつかり，傷つき，悩み，大変だったこともあったと思います。そんなときは，１人で悩むのではなく，友達に悩みや悲しみを聞いてもらうだけで辛さが半分になりますね。

先生自身も辛いときや悲しいとき，友達に気持ちを聞いてもらっていました。どれほど助けられてきたかわかりません。

これからも，「喜びを２倍にし，悲しみを半分」にできる人を１人でも多くつくれるように，「友達」という一生の宝物を増やしていきたいですね。

参考 HP：世界傑作格言集--シラー名言集-- http://kakugen. aikotoba.jp/

・読まずに黒板に書き，全員の注目を集める

・子どもとアイコンタクトをとりながら，染み入るようにゆっくり話す
▶ 真剣な表情で聞いている

・教師のエピソードを話すことで親近感をもたせる
▶ 友達を大切にしていこうという気持ちでうなずいている

POINT

❶ 大きな行事の後に，これまでの思い出を振り返ることで，友達がいてくれたからできたことや成長したことを全員で共有し，友達の良さを実感することができます。

❷ 全員が自分の考えを黒板に書いて共有することで，学級の所属感を感じさせます。友達とのつながりだけではなく，学級としてのまとまりも意識させることができます。

（髙田　ゆり彩）

「クラスのまとまりをつくりたいとき」のお話

　「個別最適な学び」の重要性が叫ばれる昨今，クラスの「まとまり」は大事なのでしょうか。調べてみると，まとまりには3つの意味があります。

①ばらばらのものが統一のとれたひとかたまりになる。
②物事の筋道が立って整う。
③決まりがつく。互いの意志を一致させる。
[goo 辞書（https://dictionary.goo.ne.jp/word/ 纏まる /）より引用]

　多くの場合，①のまとまりをイメージすると思います。しかし，今必要なのは③のまとまりだと考えます。「みんなでこういう風に成長していきたいよね」「こっちにいきたいよね」と意志を一致させて，その中で個性を活かし合うことが大切なのです。そうした，意志が一致した集団だからこそ成長できる場面があるはずです。

〈この節のポイント〉
①子どもがまとまりの大切さを具体的に理解する
②教師がまとまりの「段階」を意識する

子どもがまとまりの大切さを具体的に理解する

　新型コロナウイルスの影響もあってか、同じ教室で過ごしていても、周りの仲間に興味をもちにくい子どもが増えているように感じます。そんな中、教師が一方的に語っても、大人がコントロールしているだけの①のまとまりになってしまいます。そこで、子どもたちの授業場面や日常の生活で、まとまりがつくれていなかったからこそ、うまくいかなかった場面を取り上げることで、「そうか、まとまりは大事なんだ」「まとまりがあれば、次こそ私たちはうまくできるんだ」と気づくことができます。そうすることによって、子どもたち自身でまとまりをつくれるクラスに向かっていくのです。

 ## 教師がまとまりの「段階」を意識する

　ここでの「段階」として、4つ想定しています。

①まとまりが大事だとわかっているけれども、そのための具体的な行動がわかっていない
②まとまりを意識してがんばっている子はいるが、周りの子がついてこない
③段々とまとまり始めたものの、緊張感が足りない
④まとまってきたからこそ、個性を活かし合わせたい

　まとまりの意義がわかっていない子どもたちに、「個性が大事だよ」と語っても、「じゃあ好き勝手やっていいじゃん」となってしまい、まとまりにはいき着きません。まとまりの意義がわかっている子だけに「まとまりが大事だよ」と言い続けても、その周りの子たちは動きません。
　今、目の前の集団のまとまりがどの段階なのかをアセスメントし、その段階にあった語りをすることが重要なのです。

第3節 「クラスのまとまりをつくりたいとき」のお話

全学年

ファーストペンギンとセカンドペンギン

>>> 望ましい行動を学級に広げていくための語り

クラスでだれかが望ましい行動をとっていたときに，望ましい行動とはどんなものかを共通理解し，その行動を真似することの価値に気づかせることで，勇気をもって行動しようとする態度を育てます。

　今日の図工の時間に，先生が素敵だなと思った人を紹介します。Ａさんです。先生はどうして素敵だなと思ったでしょうか。隣の人と相談してみましょう。

　実はね，Ａさんは自分の絵を描き終わったら，一番最初に教室のそうじを始めてくれた人なのです。Ａさんに拍手を送りましょう。

　もう１人，大きな拍手を送りたい人がいるんだけど，紹介してもいい？Ｂさんです。拍手！
　どうしてＢさんなのでしょうか。隣の人と相談してみましょう。

　Ｂさんは，Ａさんの動きをよく見ていたんですよね。だから，私もと思って同じ動きをしてくれたんですよね。そうですよね。これってすごいと思うんですよ。周りの人がやっていないことを最初にやることも，１人だけしかやっていないことを真似する

- Ａさんのそばまでいく
  ▶ ほとんどの子が話し始め，にぎやかになる

- Ａさんのそばで，ゆっくり話す

- 少し小さめの声で，注目を引きつけるように話す
  ▶ Ａさんのときよりも考え込む子どもが増える

- アイコンタクトをとりながら，全体

こ␣とも，とっても勇気がいるじゃないですか。そうですよね？

　アメリカで有名な，ミュージシャンであり元起業家でもあるデレク・シヴァーズさんという人もこんなことを言っています。「素晴らしいことをしている孤独なバカを見つけたら，立ち上がって参加する最初の人となる勇気をもってください」
　１人目の人をファーストペンギン，２人目の人をセカンドペンギンなんていいます。ペンギンもエサをとるときに勇気ある１羽がいて，勇気ある２羽目がいるからみんな続くそうです。そうやって，みんなで高め合っていきたいですね。

引用：
[How to start a movement By Derek Sivers (https://www.ted.com/talks/derek_sivers_how_to_start_a_movement?subtitle=en)

に共感を呼びかける問いかけをする
▶ **全体が静かになり，興味深く聞いている子が増えている**

・ファーストペンギンとセカンドペンギンの部分で間をとり，印象づける

POINT

❶ ファーストペンギンのような１人目は学級を見ているとどの学級にも出てくると思います。その子に続く２人目にスポットを当てることで，学級が望ましい方向に向かっていくことをねらいます。
❷ 説得力のある，価値ある言葉や文を引用することで，よりその言葉の信頼度が高まり，子どもたちの中に入っていくのです。

（堀越　嵐）

第3節　「クラスのまとまりをつくりたいとき」のお話

中・高学年

群れと集団とチーム

>>> 目的意識をもたせるための語り

ねらい　班活動などでうまくいかず，トラブルになったときに，目的意識の有無で群れにもチームにもなり得ることに気づかせ，共通の目的をもつことの大切さを理解させます。

〜班活動の際に，自分勝手なことをしていて課題が終わらず，Aさんのせいで！と揉め事が起こり，該当班と話し合った後の授業の冒頭〜

（突然「群れと集団」と板書する）
　群れと集団という言葉がありますね。この2つの言葉は似ていても，意味の違いがあります。どんな違いでしょうか。
　そうですよね。群れはみんなが好きなことをしていますね。集団はみんなで目的に向かっている感じがします。

（「チーム」と板書する）
　では，チームは群れと集団のどちらでしょうか。そうですよね。集団ですね。
　では，チームには何がありますか？
（「○○意識」と板書する）

- ▶ 教室全体が重たい雰囲気になっている
- ▶ 多くの子が真剣に黒板を見ている
- ▶ 口々に意見を出す
- ▶ 黒板に書いている間，静かな雰囲気になる
- ・何人か発言するが，あえて触れずに板書する

さすが。目的意識ですね。この目的意識が，群れと集団，チームの差になってくるのです。

みんなも経験あると思うんだけど，班とかグループで活動をしていて，だれかが好きなことをしていて喧嘩になることってありませんか？　そうですよね。先生は，そういうときは大体これが足りないときだと思っています。

（目的意識と書いてある場所を手でノックする）

目的意識が足りないときですね。何のために行うのかをみんながわかっていないと，方向がバラバラになってしまってうまくいかないのだと先生は思っています。

ちなみに，先ほど集団もチームも目的意識があると話をしましたが，どちらの方がまとまっている感じがしますか？　実は，チームなんですね。チームの方がみんなで同じ目的に向かうのです。みんなも，同じ目的に向かって協力していきましょう。

・「ありませんか？〜ですよね」と投げかけたり，目線を合わせたりしながら話す
▶「たしかにあるな」と少し安心した空気になる
・「目的意識」と発言する子がいるのでうなずきながらノックする

▶ 8割ぐらいの児童が「チーム」と発言する

POINT

❶該当班には先に目的意識の話をし，解決してから全体に話すと，どちらの子もより理解することができます。

❷２択の質問を取り入れたり，「〜ですよね」と投げかけたりすることで，当事者意識を高めることにつながります。

（堀越　嵐）

第3節 「クラスのまとまりをつくりたいとき」のお話

中・高学年

全員がフォワードだったら？

>>> 一人ひとりの個性を活かし合う集団を目指すための語り

 ある程度人間関係ができてきた頃に，お互いの個性や良さを活かし合うことで，より強固な集団になれるのだということを気づくように促します。

　先生もあるんだけど，体育とか放課後の遊びのときに，サッカーやボール遊びをしていて，みんながボールのところに集まっちゃうことってありませんか？

　そうそう，みんなフォワード。みんな点取りたい！みたいな感じで集まっちゃうことありますよね。でも，大人のチームはどう？ないよね。どうしてでしょうか。

　そうですよね，ポジションがありますよね。このポジションってとっても大きいなと思うんですよ。良いシステムだなって。
　これ，もしかしたらクラスでもできるんじゃないかと思うんですよ。ポジションということは，こうですよね。
　（「や○○○」と板書する）

・笑顔で上機嫌に話す
・左右の向きを変えながら全体に向かって問いかける
▶「あるある」と多くの子どもが共感的に聞いている
▶「ポジション」と発言する

▶「やくわり」と発言する

近くの人とどうぞ。役割ね。役割ってなぜ決めますか？　うんうん，色々あるけど，先生は，個性を活かし合うためだと思っています。

「私は図工が得意だから」とか「私は人前で話すことが得意だから任せて！」みたいな，みんなの良さをみんなのために発揮しやすくするためだと思うのです。

ではみなさんはこのクラスのみんなの個性や良さって知ってますか？　そうですよね，意外と知らないですよね。でも知らないと，ポジションがわからない。役割が決められないよね。

周りの人の個性や良さを理解し合って，みんながみんなの役割をわかってきたら今よりもっと良いクラスになりそうじゃないですか？　そうですよね。なんだか，周りの人の個性や良さを知りたくなってきましたね。では，今から話し合いをするんだけど，その視点ももって，話しに行きましょう。

▶ うなずきながら真剣に聞く子どもが増えている

▶ そんなこと意識していなかったというリアクションをとる子が多くいる

・知りたくなってきましたねと少し落ち着きながらもあおるように話す

POINT

❶「先生もあるんだけど」「先生は〜だと思います」，とアイメッセージで語ることで共感的に聞くことができるようにします。

❷身近なたとえ話をすることでイメージをもちやすくします。学級の実態によって，扱うたとえ話を変えても良いと思います。

（堀越　嵐）

第3節 「クラスのまとまりをつくりたいとき」のお話

中・高学年

競争は協創

>>> 競い合い，高め合う雰囲気をつくるための語り

ねらい　教室の仲間の良くない行動を見逃している雰囲気があるときに，仲間同士が競い合うことで高め合っていくことができ，それがより良い集団をつくるという認識をもたせます。

（突然，「チームワーク」と板書する）

　MAJORという漫画の中で主人公が，「チームワークっていうのは，自分と戦って，仲間と戦って，そこで流した汗の分だけ生まれるんだ」といったことを同じチームの仲間に言っている場面があります。チームワークなのに，戦う。どういうことなんでしょうね。

（「良い教室の3条件」と板書する）

　3つあります。

（「〇〇合い・〇〇合い・〇〇〇〇〇合い」と板書する）

　この「合い」の前にはどんな言葉が入ると思いますか。

　1つ目は㊙(教)え合いです。これはみんなできていますね。2つ目は㊙(競)い合いです。これはただ競争することではなくて，私の方が成長しているぞ！という競争です。これはみんなどうでしょうか。

▶多くの子どもが何の話だろうと不思議そうに聞いている

▶「こうじゃない？」と話す子どもが少し出て，ざわざわし始める

▶「話し合い」や「助け合い」などの発言をする

・徐々にテンポを落とす

3つ目はけんせいし合いです。難しいね。けんせいってわかるかな。けんせいっていうのは，良くないことを見逃さないぞ。みんなでダメなものはダメだぞ。という雰囲気をつくることです。

今日この話をしたのは，みんなに2つ目と3つ目をできるようになってほしいからです。

大丈夫だよってみんなで支えてあげることはとっても大事です。これはみんなできているよね。でもときには，仲間をライバルとして，戦う，良い意味で競争したり，仲間の良くないことを止めたり，やるなよって雰囲気でけんせいしたりする。これも大事です。これができたら，このクラスはどんな雰囲気になりそうですか？
（意見を自由に発表させる）
明るい雰囲気がたくさん出てきました。そんな明るいクラスにしていきましょうね。

参考文献：
『MAJOR 18巻』満田拓也著（小学館・少年サンデーコミックス）

▶「そういうことか」と興味深く聞いている子どもが増えてくる

・柔らかい表情で
・できていることから話すことで，叱責と受け取られないようにする

▶全員が明るい雰囲気を答え，白熱した空気になる

POINT

❶認め合うあたたかい雰囲気ができあがってきた後で，さらにレベルアップを図りたいときに行うことがおすすめです。

❷話の後半にいくにつれて，子どもたちの心がより良い学級に向かってまとまっていこう！とするイメージをもって，話し方に力強さをいれていくと良いかもしれません。

（堀越　嵐）

「公」と「私」を学ぶお話

　この節は「公」と「私」を子どもたちが学ぶお話です。「公」の態度とは「社会の中で他者と関わり合う上で，守るべき決まりや態度」だと考えます。学校生活の中で，身につけさせていく１つの力です。

　これらの態度を身につけるということは，集団生活をスムーズに送るためだけではなく，自分の力を発揮して，社会で活躍するためにも重要な資質です。なぜならば，個性を発揮するためには，集団や社会の一員として認められる社会性が必要だからです。「社会で活躍する人を育てる」ことは，菊池道場でも大切にしている大きな目標の１つです。

　しかし，「決まり・態度」のみの形式的な指導により，子どもたちの自主性の育ちを妨げてしまう場合もあります。また，子どもたちの自主性を重視するのみの指導で，社会性を身につけた上での個性を伸ばすという視点が抜け落ちてしまっている場合もあるかと思います。

　「公」と「私」の価値を子どもたちに伝えていく上で重要なのが「あるべき姿を毅然と示す」側面と，「自己選択・自己決定をさせる」側面です。これらを意識することで，自分で行動を調整できる力を伸ばしていくことを目指します。

この節のポイント
①プラスの行動からアプローチする
②ときには毅然とした態度で指導する

プラスの行動からアプローチする

　公の態度の指導は,「こうあるべき」という話になりがちです。それだと,「またこの話か…」と, 口に出さなくてもうんざりした気持ちになる子どもは少なくないと思います。そうではなく, 子どもたちの中から小さな「プラス」を見つけ, ほめることで「あるべき姿」を示します。子どもたちは「ほめ言葉」から, 公の振る舞いを学んでいきます。

　否定されるのではなく, 肯定されることで教師が伝えたいメッセージは子どもたちの心の中に入っていきます。子どもたちは「期待されている」という思いから, 行動を改め, プラスの方向へ心が向かっていきます。

 ## ときには毅然とした態度で指導する

　「公」と「私」を学ぶお話をする上で, もう1つ留意したいのが「ときには毅然とした態度で指導する」ことです。「ならぬことはならぬ」という姿勢で伝える覚悟も必要です。①の心構えが8割で, 残りの2割が毅然とした態度で指導するイメージです。この割合を意識することで, きびしい指導も子どもたちが納得して受け入れることができます。「あるべき姿」を示しラインを明確にすることで, 子どもたちは自主性を発揮し, より充実した関わり合いやコミュニケーションに向かっていきます。

第4節　「公」と「私」を学ぶお話

中・高学年

より良い教室の3条件

>>> 教室での関わり方をより良いものにさせていくための語り

ねらい　教室はみんなでつくっていく場所であることを伝え，そのために大切にしたい友達との関わり方について，教室はどのような場所であるべきか，「教室の3条件」をもとに考えさせていきます。

　（友達に対して，優しい言葉で注意している子どもに気づき，声をかける）
　ちょっと手を止めてもらってもいいですか。
　今，AさんがBさんに対して「今は本を読む時間じゃないよ」と声をかけていました。そして，Bさんもすぐに聞き入れて，次の行動を改めていました。
　先生は，2人ともとっても行動が立派だと思いました。どんなところが素晴らしかったのでしょうか。
　「友達に勇気をもって声をかけていた」
　「友達の話を聞いてすぐに直した」
　そうですね。こんな風に友達同士で関わり合えると，きっともっと成長する教室になっていきますね。
　そこでみなさんに考えてもらいたいことがあるのですが，そもそも教室はどんな場所だと思いますか。
　「勉強する場所」「友達と会う場所」
　実は今よりもっと良い教室をつくっていくための「教室の3条件」という価値語があります。すべて

▶授業中の場面，子どもたちは学習に取り組んでいるが，取り組み方がまちまちである

・子どもたちの中に入っていき，注目を集め，真剣な表情で話を始める

▶子どもたちは何の話をするのだろうと，ピリッとした空気になる

・「教室の3条件」と板書し，「〜し

「〜し合う」になっています。何が入ると思いますか。少しだけ近くの友達と相談してみてください。

では，先生から説明しますね。１つ目が「教え合う・助け合う」ということです。１人だけではできないことを，助け合うのが教室だからです。２つ目が「競い合う」です。良い意味で競い合って，今より成長していこうよ，ということですね。

そして最後３つ目は「けんせいし合う」です。ちょっとわかりにくいですよね。でも，さっきお手本がいました。ＡさんとＢさんです。良くないことも，友達同士で注意し合えることですね。だからマイナスの行動が広がらずに，教室が成長する場になります。２人はまさに「けんせいし合う」姿でした。

ですから，もし友達に声をかけても，なかなか伝わらないときは，先生に伝えてください。注意します。その人が成長するためにも必要なことだからです。この「教室の３条件」を意識して，みんなで成長していく教室をつくっていきましょう。

※「より良い教室の３条件」は，有田和正先生が主張されていた。

合う」の部分だけ示し，考えさせながら説明をする

▶ 子どもたちはうなずきながら聞き入っている

▶ 子どもたちは「けんせいし合う」についてよくわかっていない表情をしている

・子どもたちの腑に落ちるように，先ほどの話を引用し，具体的に説明する

POINT

❶「教室の３条件」の３つ目「けんせいし合う」がポイントです。これが教室という「公の場」でのルールだと示します。「先生にチクるのも OK」ということもあわせて示します。

❷ お互いが「教室の３条件」を意識することで，教室に安心感が生まれていきます。一人ひとりの自分らしさが発揮されるようになっていくのです。

（神﨑　哲野）

「公」と「私」を学ぶお話

第4節

中・高学年

信頼貯金を貯めよう

>>> 約束を守り，信頼を得る行動を学ばせるための語り

人との約束を大切にしなかったり，自分勝手な行動をしたりすることが目につくようになったとき，「信頼貯金」の話をすることで，信頼を得るための行動をしていこうとする前向きな心を育てます。

　今から話すことは，何年か前に他の学校で本当にあったお話です。AさんとBさんという2人の子どもがいました。その2人は同じ日に宿題を忘れてしまいました。

　しかし，先生は，同じ忘れ物をしたのにAさんには「明日は気をつけてね」と軽く声をかけただけでした。しかし，Bさんには，「なぜ忘れてしまったのか」と，きびしく注意をしました。

　実は，Aさんは，普段はほとんど忘れ物をしない人でした。その日，朝のうちに忘れ物に気づき，すぐに先生に言いに来ました。一方，Bさんは昨日も同じ忘れ物をしていて，明日は持ってくると約束したはずでした。

　これでお話はおしまいです。
　2人は，何が違ったのでしょうか。心の中で考えてみてください。

▶ 学級全体が重い空気に包まれている

・あえて，宿題を忘れた子どものことは触れずに話す

・子どもたちの中に入っていき，「実は…」と語り始める

▶ 子どもたちは自分の姿と重ね合わせ，シーンとしている

（黙って「信頼貯金」と板書する）

　どういう意味でしょうか。実は，この２人はこれ（板書を指さす）が違っていたのです。信頼とは相手のことを信じて頼りにするということです。人は心の中に「信頼貯金」をもっています。

　では，どんな行動をすると信頼貯金が減ってしまうのでしょう。考えを言える人？
　「人との約束を破る」「自分勝手な行動をとる」
　「嘘をついてだます」
　たしかに，そんな行動をしている人は信頼できませんね。
　反対に信頼を貯めていくにはどんな行動をすればいいのでしょうか。そうですよね。信頼を失うことの反対をすればいいのですね。
　世の中は，信頼関係で成り立っています。信頼を失うことが，人として一番悲しいことなのです。
　これから信頼貯金をたくさん貯めるために，自分がやめないといけないこと，自分がしていくことを，成長ノートに書きましょう。

▶ 子どもたちは信頼貯金の意味を考えて黙っている

・板書した「信頼貯金」を口にせず示すことで子どもたちの注目を集める

・してしまったことを強調し突き放すより，これから改善していこうとする前向きな心を引き出す，あたたかな話し方を意識する

POINT

❶約束を守った子どもや学級のために行動をしている子どもが出てきたら，信頼貯金とつなげて価値づけしていきます。

❷信頼はお金と同じで，貯めるのは大変ですが，なくすのは早いです。１回の行動で信頼はなくなります。そういった抽象的な話も，たとえ話を入れることで，子どもの中に価値が入っていくのです。

（神﨑　哲野）

第4節 「公」と「私」を学ぶお話

中・高学年

正しい叱られ方

>>> 叱られたことをプラスに捉え，成長につなげさせるための語り

不適切な行動が見られ，それについて教師が叱った際，子どもたちが素直に受け入れられない場面で，「正しい叱られ方」を知ることで，もっと成長するためのチャンスにしようとする心構えをつくります。

（全体の前で不適切な行動について指摘し，注意した。子どもたちの8割は落ち込んでいたが，2割の子どもは素直に受け入れられていない）

<u>先生は今，みなさんを「叱り」ました。「怒った」のではありません。</u>実は，「怒る」と「叱る」は全く違うものです。「怒る」は，感情です。怒る側のストレス解消の手段が「怒る」です。一方，<u>「叱る」は，相手の行動を改善させるためにすることです。</u>この人は，もっと良くなると信じているから「叱る」のです。

あなたたちだけでは，楽な方へ逃げてしまったり，間違えたことをしてしまったりすることがあります。それを正すために，先生やおうちの方は，あなたたちを「叱り」ます。それは，みなさんの成長を心から願っているからです。

だから，みなさんは，叱られたときに成長につなげないといけません。今から，叱られて成長するための「正しい叱られ方」について話します。

- 教室の空気感を見極め，毅然とした態度で話し始める
- 先生は「怒った」のではなく「叱った」のだと，強い語気で示す

▶ 子どもたちは説明を聞いて納得した表情をしているが，「正しい叱られ方」と聞いて驚いた表情をする

- 心を込めて毅然とした態度で話す

⑤ □ する	④ 改善する	③ 謝罪する	② 反省する	① 受容する

　最後の四角の中には，どんな言葉が入るのでしょう。近くの友達と相談して考えてみましょう。

　実は，「感謝」が入ります。

　ではなぜ，最後に「感謝」するのでしょう。近くの友達と，考えを話し合ってみましょう。

　最後には「叱ってくれて，自分を成長させてくれてありがとう」まで思うことが，「正しい叱られ方」なのです。つまり，ほめることも叱ることも，みんなに成長してほしいからしている，という理由は一緒なのです。そこまで思うことは簡単ではありませんが，そこまで思えたときに，本当の意味で成長できたといえるのでしょうね。

　周りの人たちは，みんなの成長を願い，期待しています。ぜひ，その思いを受け止めて，これからも学校生活を送っていきましょう。

※「正しい叱り方」は野口芳宏先生が主張されている。

・「叱られるのはただのマイナスではない」と伝える

・「正しい叱られ方」は重くならないような話し方を意識して伝える

▶ 子どもたちは叱られているときの表情ではなく，「なるほど」という表情で話を聞いている

▶ 「感謝」の意味に気づき，叱られた子どもたちはポジティブに受け入れようとしている

●POINT●

❶多くの子どもたちは，「怒られるのは自分が悪いから」だと考えています。「叱られるのは自分の成長を期待されているから」と気づくことで，前向きに「叱る」を受け入れることができる心の強さを育てます。

❷叱ってばかりでは，子どもはついてきません。ほめ言葉によるプラスのアプローチの土台があるからこそ，叱ったときの言葉が，心に響くのです。

（神﨑　哲野）

第4節　「公」と「私」を学ぶお話

中・高学年

礼に始まり礼に終わる

>>> 礼儀を大切にする価値を改めて考えさせるための語り

「礼に始まり礼に終わる」ということわざを伝えることで、みんなが気持ちよく過ごすために礼儀正しい心と振る舞いを大切にして、学校生活を送ろうとする気持ちを育みます。

（朝の会を始める前に語り始める）

おはようございます。朝の会の前なのですが、今日の朝、とっても素敵だなぁと思ったことがあるのです。何だと思いますか。

実は、Aさんは最初に教室に入るとき、教室にだれもいないのに、「おはようございます」と頭を下げて挨拶をしていたんだよね。これって、何がすごいと思う？近くの友達と話し合ってみましょう。

そうですよね。まだ友達のいない教室に挨拶をするAさんの姿を見て、この教室を大切にしているんだなぁと感じました。

（「□に始まり□に終わる」と板書する）

さて、「□に始まり□に終わる」という日本で古くから大切にされてきた考え方があります。□に入る漢字がわかる人？

- 語りの前に、挨拶の気持ちがいい子に声をかけ、価値づけておく
  ▶ Aさんが取り上げられることで、周りの子たちも嬉しそうな表情をしている

  ▶ 武道を習っている子どもが、気づく

- それを価値づけ、語りにつなげる

「礼に始まり礼に終わる」です。

（だれもいない畳に向かって挨拶する柔道選手の写真を提示する）

礼を大切にするスポーツの1つに日本で生まれた「柔道」という武道があります。柔道の試合では，選手は何回挨拶をするでしょうか。

正解は「4回」です。それぞれの「礼」にはどのような意味があるのでしょう。それとも同じでしょうか。近くの友達と相談しましょう。

初めの1回目は，「場」に挨拶をします。その後，試合相手の前に立ち，挨拶をします。試合結果が判定した後，相手に感謝の挨拶をします。最後に，「場」に対して感謝の挨拶をするのです。こうして試合の度に合計4回の「礼」をするのです。

礼は人の道である。

パナソニック創業者の松下幸之助さんの言葉です。「礼」は人にしかできないことです。礼を大切にできる人を目指していきましょう。

・急に写真を提示することで子どもたちの注目を集める

▶子どもたちは口々に回数を答える

・回数が多ければいいのではない。それぞれの意味について語り，礼に込められた思いに気づかせる

▶子どもたちは，挨拶の価値を知り，真剣な表情で話を聞いている

第4節 「公」と「私」を学ぶお話

⬛ＰＯＩＮＴ

❶有名なことわざを引用することで，「礼」の価値を改めて考え，大切にしていこうとする心情を伸ばしていきたいです。

❷具体的な子どもの姿を取り上げ，価値づけることで教室に望ましい行動が増えていくことをねらいます。また，語りの後にことわざや価値語で行為を価値づけていくことが重要です。

（神﨑　哲野）

2章　第4節　「公」と「私」を学ぶお話　063

「みんなで笑顔になりたいとき」のお話

　第5節では，年間を通した指導を想定しています。

　学級の中で，担任や友達と話すときに目を合わせて話す児童は，何人います
か。コロナ禍を経て，マスクを外すことに抵抗をもつ子どももいます。そ
うした状況の中では，子どもたちの感情が読み取りにくいからこそ，子ども
たちのふとした表情や目の輝きの変化に担任自身も意識を向けることが，よ
り重要になってきているのではないでしょうか。

　「居心地が良い」状態のとき，人は「笑顔」になります。居心地が良い学
級だからこそ安心して過ごすことができ，子どもたちも力を発揮することが
できます。

　また，「笑顔が大事」という言葉のみでは子どもたちは変容しません。な
ぜならば，他者に興味をもたせたり，笑うことが自分や他者に良い影響を及
ぼすことを体感したりする経験が少ないからです。

　そこで，まずは自他の表情に意識を向け，表情の意味を価値づけていくこ
とが大切です。表情はコミュニケーションをとる上で必要不可欠です。表情
に注目することは，自他の内面に目を向けたり，相手意識をもったりするこ
とでもあります。

この節のポイント
①自分の表情，相手の表情両方に対する，子ども自身の意識を育てる
②教師が，子どもたちの「笑顔」の背景にある思いを価値づける

自分の表情，相手の表情両方に対する，子ども自身の意識を育てる

　学校生活及び社会生活は，他者と関わって初めて成り立ちます。それは，他者がいてこそ自分も成長し，自分が他者の成長に影響を与える存在でもあるということです。

　自分の表情に意識を向けることは，自身が他者にどう捉えられているかという相手意識をもつことです。それは，自分の行動に変容を生み出します。また，他者の表情に意識を向けることは，相手の立場に立つことです。相手が何を感じ，何を求めているのかを感じ取るきっかけになります。

　自分の表情が周囲にどのような影響を与えているのかを考える力，相手の表情から，何を求められているのかを感じ取れるようにする力。この２つの力を育てることを意識しながら，指導していきます。

 教師が，子どもたちの「笑顔」の背景にある思いを価値づける

　子どもたちが見せる笑顔には，一つひとつ意味があります。楽しいから，達成感を感じたから，面白いから…などです。それらの笑顔を，学級全員が「共有」できて初めて，「安心感のある居心地の良い学級」になります。

　表情豊かな子どもたちは，日々様々な表情を見せます。非言語である表情は，子どもたちが思っている以上に学級の雰囲気や学級の成長に大きな影響を及ぼします。そのことを子どもたち自身に自覚させることで，自分たちで主体的に「良い」学級をつくり上げていくという意識をもつことができます。

　ふとした瞬間に子どもが見せる笑顔を価値づけることで，笑顔という現象自体を増やすことにとどまらず，笑顔の背景にある感情やその感情を生んだ背景などの内面の部分に焦点を当てることにつながります。それが，子どもたちの内面からの成長を促すのです。

第5節 「みんなで笑顔になりたいとき」のお話

中・高学年

# 笑顔は鏡〜人間関係は鏡である。鏡は先に笑わない〜
>>> ペアでの意見交換であたたかい雰囲気を広げるための語り

朝の会など1日のスタートで，笑顔が周囲の人を笑顔にしている場面を取り上げ，良い雰囲気を広げていく集団を育てます。

　今，意見交換をしていて，素敵なペアがありました。AさんとBさんのペアです。
　Aさんが笑顔で話しかけると，相手のBさんも自然と笑顔になりました。

　人間関係は○である。○は先に笑わない。
（板書する）

　○には，同じ漢字が入ります。何が入るでしょうか。
　正解は，
　人間関係は㊙である。㊙は先に笑わない。
　どういう意味だと思いますか？　ペアで相談します。
「自分から笑えば，相手も笑う」
「みんなが鏡になれば，たくさんの笑顔が生まれる」
「笑顔が笑顔を生み出す」

- AさんとBさんのそばに寄り，微笑む
▶ AさんとBさんは，自身の行動を思い出し，笑顔になる

▶ 予想した言葉を口々につぶやく

▶ 文字を見て，理解したような表情の子どももいれば，まだ意味を理解できないという表情の子どももいる

その通りですね。先生は次のような意味だと思いました。

鏡は笑わないけれど，自分が笑えば笑います。人と接するとき，相手は自分にとって鏡となります。自分が笑顔になると，相手も笑顔になります。自分が眉間にしわを寄せると，相手の眉間にも，しわが寄ります。不思議ですね。

自分の表情が，相手の表情に影響を及ぼすのですね。

Ａさんの笑顔はＢさんの笑顔を生み出しました。２人の笑顔は，２人の対話を生み出し，２人の成長につながりました。自分が友達にしてほしいことは，まずは自分からしていけるとクラスの成長が加速しますね。

自分が先に笑いかけて，その場の雰囲気を変えられると決意した人は，成長ノートに今日のお話を聞いた感想を書き始めましょう。

・読点で間を置き，子どもの表情を確認しながら，ゆっくり，大きな声で伝える

▶ お互いに顔を見合わせて表情を確認する子どもがいる

・聞きながらうなずいたり笑顔になったりしている子どもがいたら，すかさず価値づける

▶ 多くの子どもが安心して笑顔になる

P O I N T

❶授業でいきなりペア活動を取り入れるのではなく，朝の会などでコミュニケーションをとる場をつくり，簡単なお題でペア活動に慣れさせます。その際に笑顔で対話しているペアの様子を取り上げます。
❷教師がだれよりも笑顔で語ることで，笑顔の価値を全体に広げます。

（山田　明依）

第5節 「みんなで笑顔になりたいとき」のお話

低学年

2つの笑い〜ニヤニヤからニコニコへ〜

>>> 表情が相手に与える影響を考えるための語り

ねらい　間違った人を馬鹿にするなど、不適切な場面で笑いが起こったときに、笑いの意味を再考し、肯定的な気持ちで笑顔になる良さを実感させます。

　今、Aさんが笑いました。Aさん、あなたは、どんな気持ちで笑いましたか？
「Bさんが間違ったのが面白いと思ってしまいました」
　Bさん、どんな気持ちになりましたか？
「嫌でした。とても悲しかったです」
　みんなはどんな気持ちになりましたか？
「嫌でした」
「自分も笑いそうになってしまいました」

　笑いには、2種類あります。
　1つ目の笑いは、だれかの失敗やだれかの嫌な気持ちを喜ぶ笑いです。人の不幸を喜ぶ人は、「ニヤニヤ」「あざ笑い」をします。この笑いをすると、悪いことが起こります。どんなことが起こりますか？
「相手から、自信を奪う」
「相手の心を傷つける」

・不適切な笑いを見せた子どもに視線を向け、間髪入れずに指導する
▶学級全体が緊張感のある空気になる

・笑われた子どものもとに歩み寄って、寄り添うように語りかける
▶Bさんは不安気な表情を見せつつも、感じたことを素直に話し出す

「人が離れてしまう」

そうですね。全部，マイナスですね。

2つ目の笑いは，人の成長や自分の成長を喜ぶ笑いです。うまくいったことや成長したことに注目が集まり，いつも素敵な「ニコニコ笑顔」をしています。

ニコニコ笑顔だと，良いことが起こります。どんなことが起こりますか？

「周りの人が明るい気持ちになる」

「自分も周りも楽しい気持ちになる」

そうですね。ニコニコ笑顔は「自分や周りに自信を与える力」「成長しようという気持ちを盛り上げる力」「笑顔を広げる力」をもちます。全部，プラスの力ですね。どちらをこのクラスに広げたいですか？　2つ目の「笑顔」ですよね。

ニコニコ笑顔力を磨いて，教室がみんなで成長していける場にしようと決意した人から，背筋を伸ばし，成長ノートに今日の感想を書きましょう。

・一人ひとりと目を合わせる

▶ 自分も同じ教室の中で，表情によって空気感をつくっていく一員であることを自覚する

▶ ニコニコ笑顔を広げたいと，全員が挙手で意思表明する

▶ 表情の力を意識し，良い緊張感をもって鉛筆を手にとる

ⓅⓄⒾⓃⓉ

❶否定的な意味での笑いが出た瞬間にすかさず指導します。そのためにも，年度はじめに「がんばっている人の邪魔をしたり，人を傷つけたりする行動は許さない」と伝えておきます。

❷自分の表情や態度が周囲の人や自分の気持ちに，無意識のうちに大きな影響を与えることを自覚させます。

（山田　明依）

第 5 節　「みんなで笑顔になりたいとき」のお話

高学年

遊ぶときは無邪気になれ

>>> 全員が夢中になって遊ぶことを価値づけるための語り

ねらい　素直な心で,「楽しい」という感情を自分の中でしっかりと受け止め, その瞬間を心から楽しむ集団を育てます。

今日のクラス遊びでは, みんなが楽しそうに遊んでいましたね。

(子どもたちが実際に笑顔で遊んでいる写真を提示する)

今日のみんなは, 笑顔がとても輝いていました。その瞬間を全力で楽しみ, 一緒にいる仲間と過ごす時間を無邪気に楽しんでいました。

(ピーターパンの写真を黒板にはる)

お話の中で, ピーターパンと子どもたちは自由自在に空を飛んでいます。でも, 周りの大人たちは空を飛べません。

ピーターパンのお話の中の子どもと大人の違いは何でしょうか。

<u>一度も夢を見たことがない人は, 飛ぶことを学べない。</u>

(間をとる)

自分の中の「楽しいな」「〜をしたいな」という気持ちに素直になると, 今までしたことがなかった

・笑顔で, 全体に目を配る
▶ お互いに顔を見合わせて, 嬉しそうにする
・明るい声で話す

・「でも」以降, 声を少し落とすことで強調する
▶ 多くの子どもが, 不思議そうな顔をする
▶ フレーズの意味を考える

りできなかったりしたことに挑戦できるようになります。すると，今まで自分に見えなかった景色が見えて，新しい発見をしたり新しい力を手に入れたりできます。

先生は，大学生のときに「ピーターパン」の本を読んで，感じたことがあります。それは，大きくなっても，楽しいことを楽しいと感じ，その瞬間に遊びに没頭できる人は，どんな環境でも自分らしく，新しいことを学べるということです。そういう人は，いつまでも成長し続けます。
今日のみんなの姿は，この姿と重なり，とても嬉しかったです。

全員が無邪気に楽しめるこのクラスは，全員で成長できる素晴らしいクラスですね。みんなで自分たちに拍手を送りましょう！

・聞きながら，うなずいたり笑顔になったりする子どもを価値づけながら話す
・教師が，自身の「嬉しい」という気持ちを伝える
  ▶ 嬉しそうな表情になる

・全員をほめる気持ちをもって全体に目を配る
  ▶ 教師と目が合い，安心して笑顔になる

POINT

❶学級の中で，全員が夢中になって遊んでいる場面が必ず出てきます。
単純なルールの鬼ごっこなど，不公平感が出にくく全員が常に動いている活動を設けるとこのような状況がつくりやすいです。全員が笑顔の瞬間を捉えた瞬間，すぐに価値を共有すると実感が湧きやすいです。
❷「楽しかった！」「またやりたい！」「ナイスだったね！」など，遊びの中で肯定的な感想を表現できた子どもを取り上げ，語りにつなげます。

（山田　明依）

第5節　「みんなで笑顔になりたいとき」のお話

中・高学年

笑うから楽しい

>>> 状況を肯定的に捉え，プラスの力にするための語り

ねらい　月曜日の朝など学級の雰囲気が暗くなりがちのときに，「アズイフ（as if）の法則」について話し，状況を肯定的に捉えられる子どもを育てます。

　毎日を過ごしていると，気乗りすることばかりではありません。ときには，気が進まなかったり逃げたいと思ったりする場面もあります。

　心理学者のウィリアム・ジェームズは，
○○○から笑うのではない。
笑うから○○○のだ。
と述べました。（板書する）
　2か所の空欄には同じ言葉が入ります。何が入ると思いますか？
　正解は，
㊗㋢㋑から笑うのではない。
笑うから㊗㋢㋑のだ。
「○○のように振る舞えば，○○のようになる」という考え方を「アズイフの法則」といいます。
　自分の気が乗らないことをするときに，ふてくされたまま行うのと，切り替えて上機嫌で楽しみながら行うのでは，どちらが良いでしょうか。

・普段マイナス発言をしてしまう子どもと目を合わせながら話す。ただし，短い時間さっと視線を送るのみにする

▶各々が，自分のことかなと考え，背筋を伸ばす

▶なるほど，という表情になり，うなずきながら聞く

ふてくされたまま行うこともできます。そのとき
に，得をするのはだれでしょうか？　自分ですか？
周りですか？　どちらも得をしませんね。

　一方，楽しもうと切り替えると，自然と笑顔にな
ります。楽しくないことも楽しもうとすることで楽
しいという気持ちが生まれます。
　楽しくないことを，楽しくなるようにする過程自
体を楽しめると，どんな場面でも，その状況が自分
の味方になり，成長につながります。

　Ａさんは，さっき「面倒くさい，つまらない」と
言うこともできました。ですが，そう言わず「やっ
てみます！」と笑顔で答えました。
　楽しくない状況を楽しむ方法を見つけようと前向
きになると，成長のチャンスが増えますね。笑顔に
なることで自然と楽しい気持ちになると考えると，
笑顔ほどお得なものはないですね。そのことを教え
てくれたＡさんに拍手をしましょう！

・少しテンポを上げ，
あえて畳みかける
ような口調で話す

・真顔から笑顔に表
情を変える

・力強く，ゆっくり
と話す

・状況に対して肯定
的な返答をした子
どもを価値づける
　▶Ａさんは，恥ず
　かしそうに笑顔
　になる
　▶学級全体があた
　たかい空気にな
　る

第5節　「みんなで笑顔になりたいとき」のお話

●POINT

❶「やだ」「無理」「だるい」など，マイナス発言を「やってみよう」に変換で
きる集団を育てます。

❷子どもたちが，楽な方に流れてしまうことは当たり前です。そのような様子
が見られたときに，大変なことすらも肯定的に捉え，いかに楽しもうと工夫
するかが成長に大きく関わることを価値づけます。

（山田　明依）

2章　第5節　「みんなで笑顔になりたいとき」のお話　073

「トラブルがあったとき」のお話

　第6節は、「トラブルがあったとき」のお話です。心理学者のブルース・W・タックマンは、チームビルディングの過程について「タックマンモデル」という成長段階を示しました。菊池省三先生を中心とした菊池道場では、タックマンモデルを学級の成長段階に当てはめた考え方を示し、学級は、4つの段階を経て成長していくのではないかと考えています。

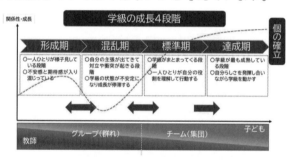

　トラブルが起こりやすい時期としては、主に「形成期」と「混乱期」が挙げられます。「形成期」は、新しい学級でスタートした初期の段階を指します。慣れない人間関係の中、子どもたちの中には、まだ不安や緊張感が生じやすくなります。また、「混乱期」は、形成期の次の段階になります。目標に対するお互いの意識の相違や対立などが生まれやすいのがこの時期です。
　この節では、「形成期」と「混乱期」に起こりやすいトラブルを想定しています。

この節のポイント
①教師は、ライフヒストリーなども交えながら話す
②教師は、表面的な現象にとらわれず、子どもは必ず変われる存在だと信じ向き合う

教師は，ライフヒストリーなども交えながら話す

　トラブルがあったときには，子どもと教師の間に心理的な距離感を発生させないことが大切です。教師側が，どんなに正しいことを言っていても，子どもの中に「どうせ，先生だから…」「本当にそう思っているの？」「先生だから，偉そう」「あーあ…怒られた」などという教師に対してマイナスの気持ちが芽生えてしまえば，せっかくの語りも台無しになってしまいます。そうなると教師と子どもの心の距離も離れてしまう一方です。

　子どもたちの心に言葉を届ける手法として，教師の生い立ちの話（ライフヒストリー）なども交えながら話すと心理的な距離感も一気に縮まります。トラブルが起きたときこそ，子どもの心に歩み寄り，教師の人間らしさが前面に出るような語りや話し方などを取り入れることで，教師の思いや願いが伝わりやすい環境をつくっていきます。

教師は，表面的な現象にとらわれず，子どもは必ず変われる存在だと信じ向き合う

　子どもに対し，指導するときは，表面的な行動や現象にとらわれすぎないことが大切です。例えば，嘘をつく，黙っている，暴れる，暴言を吐く，などの反抗的な態度を子どもがとったとしても，教師は感情的にならないことが重要です。「なぜその行動をとったのか」個々の子どもの内面をよく見取り，その子に合った適切な言葉かけを考えていきます。

　教師が，一人ひとりの子どものことを本気で考えているからこそ，心からの語りや言葉かけを行うことができます。それが，メッセージを受け取った子どもの心を突き動かすのです。ときに毅然とした態度で指導することがあっても，子どもの心に響く指導になるはずです。そして，子ども自身も教師の思いを受け取り，自分から本気で変わろうとするのです。仮にすぐに解決，解消しなくても，教師は，信じて語り続けることが大切です。

第6節 「トラブルがあったとき」のお話

中・高学年

陰ひなたのない人になれ

>>> 素直な心で反省する態度を育てるための語り

ねらい　物隠しなどのトラブルが教室で起こった際，加害児童が素直な心で反省しつつ，自分の本当の気持ちを伝えられるよう働きかけます。物隠しがあった旨は事前に全体へ伝え，語りを行っていきます。

　作家の大佛次郎さんは，人間は，大きく2種類に分かれると書いています。
「○○か○○でないか」（板書する）
さて何が入るでしょうか。

　はい，やめましょう。

　答えは「卑怯か卑怯でないか」（板書する）です。

　作家の大佛次郎さんは，「いざという場合になると，人間は卑怯か卑怯でないかの二色に分けられる」と書いています。
　いざというときに，人間の本当の姿が表れます。人によって態度を変えることは，卑怯者がやることです。生きている中で，人間として一番恥ずかしいことです。

▶叱られると思っていた子どもたちの表情が緩み，話し出す

・話し合う活動などを短時間で組み込む

▶動揺する何名かの子ども

・教師は，一切怒鳴らない。語る際は，落ち着きながらも子どもを圧倒するように強く話す

▶静まり返る教室

では，このような卑怯な行為に打ち勝つためには，何が必要なのでしょうか。

「勇気」「正直な心」

なるほど。そうですよね。

大佛次郎さんは，弱い者の味方で真の正義感を心にもつヒーロー像を描き続ける作家でした。

最近は，正義や勇気をもつ子どもが減ったといわれています。きっとそのような心が欠けてしまったから，今回，人の物を隠すなどという卑怯なことが起きたのですね。（子どもの目を見て伝える）

先生は，「陰ひなたのない人」こそ，本当に強い人だと思っています。大人の目がないときに悪い顔をして，隠れて人をいじめる人は，心の弱い人です。

このクラスの全員が「卑怯者」にならないと先生は，信じています。どうか，いつでもいいので正直に話してください。もう一度言います。「陰ひなたのない人」にみなさんは，なるべきです！

参考文献：『赤穂浪士（上）（下）』大佛次郎著（新潮社）

▶ **途切れ途切れ，子どもから発言がある**

・子どもから出てきた言葉をつないで，メッセージを伝える

・子どもの目を見て伝える

▶ **放課後，何名かの児童が，本当のことを話しに教室に訪れる**

・正直に話した児童に適切な指導をしつつも気持ちを受け入れ，解決へ導く

POINT

❶ やってはいけないことに対しては，強い気持ちで教師側の思いを子どもたちに伝えることが大切です。

❷ 他のトラブルに対しても「人としてどうであったか」という視点から，子どもたちに問いかける語りが有効になります。

❸ このような語り指導でも加害児童が出てこなかった場合は，管理職，関係機関，保護者とも十分な連絡を取り合い，慎重に進めていきます。

（小野寺　真里）

第6節 「トラブルがあったとき」のお話

低・中学年

名前は，命

>>> 名前の大切さを実感させるための語り

相手が不快になるような名前の呼び方が教室であった際，相手も自分も大切にできる呼び方について考えます。また，名づけてくれた家族の思いも受け取りながら生きていこうとする心を育みます。

　この赤ちゃんは，だれでしょう。
　正解は…
　先生の赤ちゃんのときの写真です。まんまるで，なかなか可愛いと先生も思います（笑）

　先生が生まれたときに真里（まり）という名前がつけられました。名前には「本当に」や「世界で唯一の」という意味合いの「真」と，「里」は故郷のように穏やかであたたかい人間として周りと幸せに生きていきなさいという強い願いが込められています。みなさん一人ひとりにも素敵な名前がありますね。
　（穴埋めできるように板書する）

「名前は，最初の○○○○○」

　さて，○の中にはどんな言葉が入ると思いますか。隣の人に「何だと思う」と聞いてみましょう。

- 教師の赤ちゃんの頃の写真を見せる
▶「先生の赤ちゃん！」「だれだろう？」などの声があがる
- 笑顔で教師自身のライフヒストリーを語る
▶ 教師の話し方に思わず笑顔があふれる

▶ 楽しみながら言葉を予想している

078

どの意見もいいですね。ここでは「名前は，最初のプレゼント」と入ります。人として，家族から最初に貰うプレゼントが「名前」ですからね。

「名前を貰うことは，命を受け継ぐこと」

これは，名づけてくれた父からの言葉です。父は，母と一緒に名前に大きな願いを込めて，先生に命をつないでくれました。

先生は，この名前が大好きです。名前を呼ばれるたびに「愛されているな」と幸せな気持ちになります。真里という名前があるから，先生は，先生らしく生きられているのかもしれませんね。

名前は，その人自身。本来は，どの人の名前も命と同じくらい大切にするものなのです。

今回，そんな世界で１つの大切な宝物を馬鹿にされ，傷ついている人がいます。友達の呼び方について考えたことを成長ノートに書き，もう一度，みなさんで考えてみましょう。最後にもう一度言います。名前は「命」ですよ。

・数名に発言させる
▶ 友達の発言の後に自然と拍手が起きる
・様々な意見を受けた後に，教師は○の中の言葉を示す

・静かに愛おしそうに子どもたちを見つめ語る
▶ 教師の話に耳を傾ける
・力強く語る

・声のトーンを下げ，真剣な表情で話す
▶ 真剣な表情で，一斉に書き始める

POINT

❶名前の大切さや親の思いなども語りで伝えた後，振り返りの活動や学級での話し合いなどにつなげていくと，効果的です。

❷前半に教師のライフヒストリーなども語りに織り交ぜて親近感をもたせ，心を開かせることで，最後の伝えたいメッセージの際に真剣に聞ける状態をつくることができます。

（小野寺　真里）

第6節 「トラブルがあったとき」のお話

高学年

SNSを凶器にするな

>>> SNSトラブルを未然に防ぐための語り

SNSでの悪口，仲間外れなどのトラブルを未然に防ぐため，子どもが「SNSを扱いきれるか」という部分に着目し，自分事として考え続けられる態度を育みます。

　自分のスマートフォンやタブレットを持っている人？手を挙げてください。
　では，SNSを使ったことがある人はいますか？
　大阪府のポスターの言葉にこんなものがあります。

SNSを◯◯にするな。　（板書する）

　◯の中にはどんな言葉が入りますか。相談してもいいですよ。
　実は，このポスターには，こう書かれていました。

SNSを凶器にするな。　（板書する）

　今日は，SNSで大切な命が失われてしまった話をします。

　2020年，東京都の小学校に通う小学6年生の子がSNSいじめで自殺したという事件がありました。

▶「持ってる！」や「まだ，持っていない」「使っている！」などの発言をする
・ポスターの言葉を丸抜きで隠して提示する
・話し合いの時間を短時間設ける
▶色々な意見や考えを発言する
・教師が，言葉を書き加える
▶凶器という言葉に教室が静まり返る

タブレット端末のチャット機能で悪口を書き込まれ，クラスで仲間外れにされていたそうです。

　先生はこの記事を読んで，SNS を使いこなすことは，とても難しいことだと感じました。

　では，SNS を凶器にする人は，何が足りないのでしょうか。

　「想像力」「思いやり」

　その通りですよね。「相手目線」で考えられるということですよね。

　しかし，子どもだけではなく，大人でも SNS を使うとき「相手目線」でいられる人は少ないのです。だから大人の世界でも SNS での事件が起きています。SNS は，たしかに便利で楽しい道具です。でも，もう一度考えてほしいのです，みなさんに簡単に扱えるものであるかを…。

　SNS で傷つく人を，このクラスから出したくありません。だからこそ，全員が，真剣に考えていかなければいけないことです。今日，感じたことや考えたことを成長ノートに書きましょう。

出典：大阪府　人権啓発リーフレット「SNS を凶器にするな。」

・教師は，新聞を片手に話す

▶ ショッキングな事件に言葉を失う

・教師は，何が不足しているか子どもに問いかける

▶「相手目線」などの言葉が出る

・理想と現実のギャップもきちんと話し，簡単に扱えるものではないことを強く伝える

▶ 教師の気持ちを受け取り，きびしい表情でノートに自分の考えを書く

●POINT

❶ SNS の恐ろしさが伝わるように語り，正しく扱うことは，大人にとっても難しいことであると，教師はしっかりと伝えます。

❷ 子どもが自分事として捉えられるような資料を提示し，現実に起きている問題として考え続けられるよう働きかけます。

（小野寺　真里）

第6節　「トラブルがあったとき」のお話

中・高学年

プラスの言葉をこだまそう

>>> 言葉の大切さを伝えるための語り

ねらい　教室でプラスの言葉について考えていきます。自分の言葉を振り返り，あたたかい言葉で友達の気持ちを受け止め，返していこうとする気持ちを育みます。

今日は，1つの詩を読みます。

> 「あそぼう」っていうと　「あそぼう」っていう。
> 「ばか」っていうと　「ばか」っていう。
> 「もうあそばない」っていうと
> 「あそばない」っていう。
> そうして，あとで　さみしくなって，
> 「ごめんね」っていうと「ごめんね」っていう。

▶ 教師の読み聞かせに耳を傾けて聞いている

・詩を読み終えた後，ここまでの詩を印刷したものを黒板にはる

"あそぼう"と言われたら，どんな気持ちですか。
「嬉しい」「楽しい」
"ばか"と言われたら，どうですか。
「悲しい」「嫌だな」
なぜ，最後にさみしくなって"ごめんね"と言ったら"ごめんね"と返したのでしょうか。
「言ったことをあやまりたかったから」
「やっぱり仲良くしたいと思ったから」
そうですね。Aさんの言ったように仲良くしたい

▶ 自分の経験を織り交ぜながら，次々に発言する

から言葉を返したんですね。

実は，この詩，最後にこのように続きます。

> こだまでしょうか。
> いいえ，だれでも。

金子みすゞ記念館館長の矢崎節夫さんは，「こだまは，一人では成り立ちません。丸ごと受け入れて返してくれる，たいせつなあなたという人がいて，初めて成り立つのです」と話されています。

悲しい気持ちになっている子には，「大丈夫」と優しく声をかけてあげること。その言葉を受け止め，優しい言葉を返せること。お互いが相手の気持ちを想像し，そこに寄り添って言葉をかけ合うことが，「こだまする」ということなのです。このことは，だれに対してもすべき大切なことなのです。

プラスの言葉がこだまする教室を，みんなでつくっていきましょうね。

引用：『矢崎節夫と読む　金子みすゞ第三童謡集・さみしい王女』「こだまでしょうか」（JULA出版局）

▶ 思い思いに自分の意見を発言する

・価値に気づけた子の発言を取り上げて広げていく

・子どもの発達段階に合わせて，説明する

▶ ほんわかしたあたたかな空気が教室に広がる

POINT

❶教師が一方的に語るのではなく，子どもが自分たちの気持ちや感情などを話す場面を多く入れていきます。

❷クラス全員でお互いのことをほめ合う「ほめ言葉のシャワー」などと連動させて行うと，プラスの言葉が増えてより効果的です。

（小野寺　真里）

2章　第6節　「トラブルがあったとき」のお話　083

「行事の良さ・意義を伝えたいとき」のお話

　第7節では，行事の中でも「運動会」を取り上げます。5月や9月などの運動会が主に開催される時期を想定しています。
　この時期は，クラスにも慣れて学級内のつながりをより高めたい時期です。子どもたちは，自分や学級，色別チームが勝つため，または，良い演技をするために普段以上に努力する姿が見られ，熱をもって取り組もうとする子も数多くいます。
　しかし，教師が保護者への見栄えを気にしすぎ，本来の目的を見失ったり，教師中心の強い指導で子どもたちに「やらされ感」を感じさせたり，がんばった経験が行事当日で完結し「成長」の経験として積み上がらなかったりすることが起こりがちです。
　どの行事でも「行事で育てる」という意識をもち，行事本番や行事までのプロセスを大切にして，成長の糧としていきます。

この節のポイント
①行事の学びや成長を振り返り，成長の点と点を線にする意識をもつ
②プラス面に視点を置く。マイナス面は成長のチャンスと捉える

行事の学びや成長を振り返り，成長の点と点を線にする意識をもつ

　行事は成長の宝庫です。一つひとつの成長を独立した「点」のままにせず，「点」をつなげ，「線」にしていく意識をもたせます。そして，束になって成長し合える個と集団へと育てていきます。

　運動会で学べることは，競技や演技の技能だけではありません。全力でやり切った経験，失敗から学び改善できた経験，協力し合えた経験などは，より高い価値を含んだものといえます。そういった場面をその都度取り上げ，文章を書かせるなどの振り返りを行います。良い方向に変わる自分や学級を俯瞰的に捉え実感していくことが点同士をつなげるきっかけになります。

　どの語りも，対話をしながら子どもたちが自分事として捉えられることが必要です。また，教師が今大切だと考えることを，説得力のある名言を添え，成長を願いながら，丁寧に子どもの胸に落としていきます。

プラス面に視点を置く。マイナス面は成長のチャンスと捉える

　運動会の練習は，暑い日に毎日のように取り組むなど，子どもたちも大変です。その中でも一生懸命にがんばっている子たちがいます。そのような子の姿や想いに目を向けて全体に広げることで，教師に「やらされている」のではなく，「自分たちの力でより良いものにする」という，子どもたちのプラスの意識や，主体性を引き出していきます。

　また，行事に取り組む際に，真剣であればあるほど衝突やトラブルが起こります。教師は面倒と思いがちですが，そのトラブルは，対応次第でバラバラだったチームのベクトルを同じ方向に向け，一体感やチーム力を上げる「きっかけ」になります。もしマイナスなことが起きたら，「成長のチャンス」と捉えて，「どのように成長につなげていくか」と考えるようにしていきます。どのような状況でも，教師が子どもの発言や行動の裏にある「想い」を汲み取り，寄り添い，プラスの価値を見つけていくことが大切です。

第7節 「行事の良さ・意義を伝えたいとき」のお話

中・高学年

運動会の目的

>>> 運動会への心構えをつくるための語り

なぜ行事（運動会）があるのかなど，行事の目的を考えたことがない子も多いと思います。目的や意義を全体で考え共有することで，行事から成長しようとする個と集団となるためのきっかけをつくります。

運動会は，どこの学校もやっていますよね。なぜやるのでしょうか？

どの意見も大切なことですね。さすがです。
つまり，この運動会という行事を通して，私たちが「成長」することが大切ということで良いですか？

だれもが知っている，アインシュタイン博士も，
何かを学ぶためには，
自分で体験する以上にいい方法はない。
と言っています。

私たちは，これから運動会本番の体験を通して，また，本番までの練習，その裏にある一人ひとりの努力から学び，成長していくのですね。
普段とは違う非日常の体験は，特に，成長のチャンスですね。

- 列指名などを使い，できるだけ多くの意見を聞く
- どのような意見も価値があると考えて，ほめていく
- 運動会本番だけでなく，本番までのプロセスにも価値があることを強調する
▶ アインシュタイン博士を知っている！というリアクションが出る
▶ うなずきながら聞いている

運動会では，クラスの力も成長させたいですね。そのためには，私たちが目指すのは，「勝てるチーム」と「強いチーム」どちらですか？　理由もどうぞ。

どちらも実現するために，必要なことは何ですか？

Aさんが言ってくれたように，運動の力だけではなく「心」の力，例えば，自分に負けずに努力できたり，仲間を思いやったり，協力して行動できたり，人に感謝できたりなどの力がどちらにも必要なのかもしれませんね。私たちは，この運動会で「心」の力まで成長できるように努力できたらいいですね。

もしかしたら，途中であきらめそうになることもあるかもしれません。そのときはクラスの仲間がいます。最後まで，束になって伸びましょう。

今，この運動会をがんばろうとする自分と仲間にエールの拍手を送りましょう。（拍手）

▶ **勝負に固執する子の意見が出る**

・多くの子の発言を取り上げながら勝つこと以外の価値に気づかせる
・特に，非認知能力や不可視の面を挙げた子を取り上げ価値づける

・最後は，クラスの一体感をつくることを心がける

▶ **周りを見ながら，笑顔で拍手をしている子がいる**

ＰＯＩＮＴ

❶どのような意見が出ても，教師が子どもたちの意見をすべて肯定的に捉えてほめることで学級の安心感をつくります。それが子どもたちの学びへの意欲とあたたかい空気をつくっていくことにつながります。

❷教師主導の一方通行の話をすると，「やらされ感」につながります。子どもから出た意見を取り上げ，積極的に意見の共有をしながら，行事へのわくわく感と一体感を高めていくことが大切です。

（浦野　道春）

第7節 「行事の良さ・意義を伝えたいとき」のお話

中・高学年

真剣さの先にあるもの

>>> 練習に取り組む姿勢をより良くするための語り

気温が高くなる中，毎日のように運動会の練習が続き，練習に真剣に取り組めずにだらだらと取り組むことが増えてきます。もう一度，運動会本番に向けて，練習に取り組む姿勢を考えなおす心構えをつくります。

今日のソーラン節の練習，自分を採点するなら5点満点中で何点ですか？　成長ノートに点数と，その理由も書きましょう。

何点が多かったか，聞いてもいいですか？

自分の点数の理由を教えてくれる人はいますか？

先生ね，Aさんの演技がすごいなぁと思ったんです。途中，足腰が辛くなります。暑さで疲れも出てきます。そんな中でも指の先までこだわって演技をする真剣な姿に，小さな努力の積み重ねを感じました。

だれもが知っている，野球のイチローさんは，「小さなことを多く積み重ねることが，とんでもないところへ行く，ただ1つの道」とメジャーリーグ年間安打記録を破った際の会見で言っています。

周りがだらだらしていても，群れずに，1人が美しい姿で，真剣に取り組む。その中で得られる小さ

・真剣な表情と，声のトーンを落とすことで，少しピリッとした雰囲気をつくる

▶緊張した様子で教師を見ている

・どのような点数や理由でも肯定的に捉える

・今回の名言や，「群れない」「1人が美しい」などの言葉を黒板に書いて，その言葉を意識できるようにしても良い

な成長を毎日のように積み重ねることが，やがて大きな舞台でも活躍できるような力になっていくのですね。夢や目標を実現できる人って，こういった小さな積み重ねができる人なのかもしれませんね。

では，今日の自己採点を，5点満点やそれ以上にしていくために，これからの運動会練習の中でどのような小さなことを積み重ねていきますか？
成長ノートに書きましょう。

今書いたことを，みんなで真剣に取り組むことができたら，他学年の手本になったり見に来た人が感動してくれたりするのかもしれませんね。

これからまた1つずつ真剣に取り組んで，小さな成長を積み重ねていきましょう。期待しています。

- 運動会に限らず，小さな積み重ねがこれからの人生でも大切なことだと強調する
▶ 自分の考えを真剣にノートに書いている

- 最後は，笑顔で明るいトーンで話し，前向きな雰囲気で締める
▶ 明るく前向きな表情になっている

POINT

❶自分を客観視し，理由を明確に考えやすいように5点満点の自己採点を促します。できていない自分に向き合い，その反省をもとに次からの行動につなげていけるように前向きな言葉かけをしていきます。

❷できていない子を叱るのではなく，がんばっている子を取り上げてモデルにし，その価値を広めることで，子どもたちが自らがんばっていこうとする意欲を高めていきます。

（浦野　道春）

第7節　「行事の良さ・意義を伝えたいとき」のお話

低・中学年

ピンチはチャンス

>>> トラブルを成長のきっかけに変えるための語り

学級対抗リレーの練習で，走るのが苦手なAさんにBさんが「お前のせいで負けた」と言い，Aさんが泣き出すというトラブルが起きました。個別指導後，このトラブルをきっかけにチームのまとまりをつくります。

　学級対抗リレーの練習後に，AさんとBさんのトラブルがありました。みなさんは，どう思いましたか？
　「良くないです」「Aさんがかわいそうです」
　「Bさんは，負けて悔しかったんだと思います」

　Aさんも勝ちたいと思って，自分なりに一生懸命走っていました。
　Bさんも，このクラスの「チーム」で，本気で勝ちたいから，言ってしまったのだと思います。
　どちらも勝ちたいと思って，本気でした。
　2人とも，同じ気持ちです。

　では，このクラス「全員」の力で勝つためには，どうしていけば良いのでしょうか？
　「みんなで協力する」「得意な人がカバーする」
　「全力が出せるように全力で応援する」
　なるほど。色々ありますね。

- 真剣な態度で少しピリッとした空気をつくる
- ▶子どもたちが真剣に考えて発言している
- あえて「チーム」や「全員」という言葉をつかい，一体感を醸成する
- 気持ちは同じということを強調する
- 多くの意見を出させ，クラス全員が自分事に捉えて一緒に考える機会にする

（「凸凹を活かす」と板書する）読める人？

この漢字は、「でこぼこ」と読みます。

ここにいる全員に凸凹があります。当たり前です。運動だけではなく、勉強、絵や字をかく、整理整頓など、何かが得意な人がいたら苦手な人もいます。

先生も同じです。苦手なこともたくさんあります。一人ひとり違っていて、いいんですよね。

大事なことは、この出ている部分と、へこんでいる部分をお互いが（凸凹を重ねた□を板書する）うめ合うことです。つまり、どんなことでも苦手があったら、得意な人がカバーしていけばいいんですよね。

この中に走るのが得意だと思う人はいますか？

このチームには、あなたたちの力が必要です。

（手を挙げているBさんの方を向いて）

あなたたちが、苦手な子たちの分も一緒に支え合って、うめ合うよ。

今よりもっと良いチームをつくっていきましょう。

・「当たり前」や、「先生も同じ」という言葉を使って、苦手なことは、悪いことではないと伝える

▶ 今回の種目に自信がもてていなかった子の顔が上がってくる

・Bさんのような運動が得意な子たちが、友達のために「やるぞ」と思えるような前向きな言葉で締める

▶ 全体が前向きな表情と空気に変わっていく

POINT

❶今回はトラブルの様子をクラスの全員が見ていたため、個別指導後に全体での指導をしました。トラブルを成長の機会として前向きに捉え、全体で考える機会をつくることでチームワークの力を高めます。

❷不適切な発言は許容できないことを示しながらも、Bさんの気持ちも汲み取り、「本気で勝ちたい」という前向きな言葉にすることで、Bさんや他の運動が得意な子たちのやる気を引き出していきます。

（浦野　道春）

第7節 「行事の良さ・意義を伝えたいとき」のお話

中・高学年

過去の努力と未来への努力

>>> 運動会までの努力を，次に活かすための語り

運動会後に振り返りを行いました。今までの努力した経験を大切にしながらも，これからの努力に気持ちを切り替えて，行事後の学校生活に前向きなスタートを切れるようにしていきます。

先日の運動会，よくがんばりました。
今振り返って，どのような運動会でしたか？
（様々な意見が出る）
　結果は優勝できませんでしたが，Aさんが言うように，全力を出せましたね。Bさんの言うように，みんなが堂々としていてとても格好良かったですね。

　運動会当日まで一生懸命でした。努力しました。最後までやり切りました。クラスが1つになりました。

　このような有名な言葉があります。
　□に入る言葉を，考えてみましょう。

努力 して結果が出ると自信になる。
努力 せず結果が出ると驕りになる。
努力 せずに結果も出ないと後悔が残る。
努力 して結果が出なかったとしても 経験 が残る。

・列指名や自由起立発表などで多くの子の意見を聞く

・どのような結果でもプラスの価値づけをする

・□の部分を空欄にして板書したり，書いたものをはり出したりし，やりとりをしながら□の中をうめる

▶話し合ったり，つぶやいたり，挙手して答えようとしたりしている

先ほど，Cさんが楽しかったと言ってくれたこと，Dさんが悔しかったと言ってくれたこと。

どの発言もこの運動会に向けて，「本気で努力できた」からこそ得ることができた素晴らしい経験です。その「本気の努力」が，明日からの学校生活，これからの自分に，大きな力になってくれますね。

有名な実業家の稲盛和夫さんの言葉に，

今日の成果は過去の努力の結果であり，未来はこれからの努力で決まる。

というのがあります。

今日までの努力が，運動会での成長につながりましたよね。そして未来は，これからの私たちの努力次第ということです。

3月の卒業式（修了式）まで，努力を続けていきたいですね！

今日までがんばった，そして，今日からがんばる自分と仲間たちに拍手をしましょう！（拍手）

・一番始めの振り返りの中身を取り上げて価値づける
▶ 表情や目に自信から凛々しさが出てくる

・過去を引きずることなく，未来に向けてがんばろうと思えるような声かけを心がける

・努力の価値をより一般化し，これからの人生に必要なものであることを実感させる
▶ 笑顔で周りの友達を見ながら力強く拍手をしている

POINT

❶ どのような結果になっても，結果よりも努力したことに価値を置き，「経験」が残ると伝えることで，今後の努力への意欲につなげるようにします。どの行事でも，努力したプロセスを大切にして指導していきます。

❷ どの子も努力をしてきたという視点で捉え，前向きに声をかけることで，過去の努力を自信にしていきます。1年間のゴールを改めて意識させることで，引き続き努力を続けようという意欲を高めさせます。

（浦野　道春）

「成長を実感させたいとき」のお話

　第8節では,「成長を実感させたいとき」のお話です。
　「自分の成長を語れる子は人として強いと言えるでしょう」
　これは,菊池省三先生の言葉です。おそらく「語れる」ということは,成長に対し自覚的になっているということでしょう。そして,成長を自覚している子は,自信や軸を強め,成長がより加速していきます。だからこそ,成長を語れる子は人として「強い」のではないでしょうか。
　しかし,子どもたちは成長を語るどころか成長を実感することもできていない現状もあります。自分が成長しているということを客観的に理解することが難しかったり,「うまくできたかどうか」や「周りと比較してどうか」という結果ばかりに目が向いてしまったりしているからです。
　この節では,子ども一人ひとりと学級集団に成長を実感させることを通じて,より強くたくましい個と集団を目指していきます。

この節のポイント
①教師が言葉や写真を使って成長を可視化する
②成果主義よりも過程重視の考え方に立った価値づけをする

教師が言葉や写真を使って成長を可視化する

　成長を実感させるためには，子どもの言葉で書かせたり話させたりすることが大切です。しかし，行事や学期の締めくくりに成長したことを書かせることがありますが，そこに至るまでの過程で子どもたちが自分の成長を実感していなければ，書くことはできません。

　そこで，教師が常日頃から子どもたちの成長を見取り，伝えておくことが重要です。伝えるときには，成長をより実感しやすいように「五分の一黒板に価値語を書く」「価値語モデルを掲示していつでも目につくようにする」「白い黒板に取り組む」など，可視化を意識するとより効果的です。

　そうすることで，子どもたちは自身の成長を視覚的にも理解し，自覚することができるようになります。

成果主義よりも過程重視の考え方に立った価値づけをする

　成長を実感させるためにほめることがあります。子どもが何かを成し遂げた姿を目の当たりにすると，ほめたくなりますよね。何より，ほめると子どもも喜びます。

　しかし，ほめ言葉が結果の事実にもとづくことだけの表面的な言葉では，そのほめ言葉も一過性のものになってしまうことが多くあります。場合によっては，ほめられたことで失敗に対し臆病になってしまうこともあるようです。

　そこで，結果の事実のみだけではなく，成し遂げようとした姿や態度，内面からの成長を見出し，その価値を伝えるようにします。そうして，成長を価値づけられた子どもや学級は，成長を実感し，その方向に向かってよりがんばろうとするようになっていきます。

2章　第8節　「成長を実感させたいとき」のお話　095

第8節 「成長を実感させたいとき」のお話

低学年

素直な人は成長する

>>> 素直に成長し合うことの良さを伝えるための語り

ねらい　特に低学年の子どもたちは，教師の話を素直に聞いたり，友達の素敵な姿を見て素直に真似たりしながら成長しています。良いところを真似し合いながら伸び合うことの良さを「素直」という言葉を使って実感させます。

（子どもたちの前に立つ）
やる気の姿勢になりましょう。

（何人かの子が姿勢を正すのを見守る）
　今，Aさんが曲がっていた背中を伸ばしました。Bさんは，浮いていた足の裏を床につけました。Cさんは，顔を上げまっすぐ前を向きました。

（何人かの子がさらに姿勢を正すのを観察する）
　そして，こうやって先生がいいなあと思ったり素敵だなあと思ったりした人のことを話すと，またさらに腰を動かし，姿勢を正す人がいるんです。

　○○○な人は成長する人

（板書する）

- 短く，はっきりと指示を出す
  ▶ さっと姿勢を正す子が10人ほどいる
- ある程度，子どもを絞って観察する
- 短く，はっきりと価値づける
  ▶ 友達を見てはっと気づき，姿勢を正す子がさらに数人いる
- 板書後に，黒板を指さしながら子どもの方を見る

（○○○に入る言葉を何人かの子が言う）

そうですね。ありがとうございます。
（「すなお」と板書する）
　先生は，成長する人は「素直な人」だろうといつも思っています。

　素直ではない人は，先生や友達がどんなにがんばっても自分は関係ないと自分を変えようとはしません。そうではなく素直な人は，先生に言われたことや友達の素敵なところから自分にもできることを探し，自分を変えようと思うから成長するのです。

　先ほどのＡさん，Ｂさん，Ｃさんはまさに素直な心の持ち主ですよね。だから自分を変えたのです。今，この話をしていると，ＤさんやＥさんも姿勢が変わりました。
　こうやって素直に伸び合っていくみなさんが素敵です。

・子どもの発言を肯定的な態度で受け止める
▶ **多くの子の目線が上がり，うなずきながら話を聞いている**
・「素直」という言葉が今後の学級のキーワードになるよう，まくしたてるように語る
▶ **より多くの子が姿勢を正すようになる**
・語りながらも，素直に姿勢を正した子を観察し，最後に取り上げる

---

❶学級の中には必ず，教師や友達の良さに気づき，自分を変えていく素直な子がいます。その子の価値を教師が見出し大きく取り上げることで，学級にその価値を拡大していきます。

❷できていない子に教師の目がいきがちです。しかし，そこはぐっと耐え，子どもはいつか変われると信じつつ強く語りたいものです。

（森　匡史）

| 第8節 | 「成長を実感させたいとき」のお話 |

中・高学年

「変わったこと」から「成長したこと」へ

>>> 成長をよりはっきりと実感させるための語り

ねらい 1人では気づけない自分の変化をクラスみんなで出し合う（白い黒板を実践して可視化させる）ことで成長を実感し，喜び合うとともにこれからの未来に希望をもたせます。

　この1か月間で学級が「変わったな」ということを思いつく限り成長ノートに書きます。箇条書きで書きましょう。

　成長ノートに3つ書けた人は，先生に見せに来ましょう。その後，黒板に1つ書いてください。つかうのは，白いチョークです。黒板に1つ書いたらまた自分の席に戻って，4つ目，5つ目…とノートに書きましょう。そして，ある程度ノートに書けたら，また先生に見せてから黒板に書きましょう。それを繰り返して，今は何も書かれていない真っ黒い黒板をみんなが白いチョークで書いた言葉で真っ白にしてほしいと思います。

　よーし，たくさん書くぞ！
　では，どうぞ。

・写真をいくつか見せ，考えるきっかけをつくっても良い
・指示，説明になるので端的に，一文一義で話す
・書き出す前には，やる気を引き出す一言を言う
▶一斉に鉛筆を持ち，競い合うように書いている
▶始めの数分は，鉛筆の音のみが聞こえる

この黒板を眺めてみて，どんな言葉が多いですか。また，どんなことに気づきましたか。

　たったの1か月でも，振り返ってみるとこんなにもたくさんの「変わったこと」がありました。自分を信じ，仲間を信じて日々過ごしていると，ちゃんと「変わっている」のです。

　そう考えると，これは「変わったこと」ではなく，「○○したこと」ですね。「○○」には何が入ると思いますか。

　そう，「成長したこと」ですよね。自分たちを成長させられたみんなを誇らしく思います。そして，これからがもっと楽しみになりました。

　最後に，成長ノートに感想を書きましょう。

- 成長を実感できるよう眺める時間をとる
  ▶ 質問に答えようと食い入るように黒板を見る
- 子どもたち一人ひとりに語りかけるように話す
- 自分事として捉えられるようにする
  ▶ 感想を書く際も競い合うように書き始める

POINT

❶ 成長に合わせて実施時期を考えます。（行事，学期の終わりなど）

❷ 1人で書ける量はそこまで多くはありませんが，出し合うことで黒板が真っ白になるほど成長を見つけることができるようにします。

❸ 最後に，「変わったこと」から「成長したこと」に言葉を変えることで，成長をより実感することができます。

（森　匡史）

第8節 「成長を実感させたいとき」のお話

高学年

「失敗と挫折」の先にある成長の実感

>>> 失敗や挫折の先に成長が待っていることを伝えるための語り

ねらい　失敗は恥ずかしいこと，挫折は辛く苦しいことだと捉え，それらを避けて楽な方法を選んでしまう子どもたちに，失敗や挫折を乗り越えた先に大きな成長があると実感させます。

　ここ数か月でみんな成長していますが，その中でも特に大きく成長していると思う人がいます。それはAさんです。Aさんのように成長していく人と，そうではない人の違いは何だと思いますか。隣の人と相談しましょう。
　いきなりですが，この数字と言葉を見てください。
（左側の数字と言葉だけを見せ問いかける）

| ① 928回……三振した数 |
| ② 647回……打たれたヒットの数 |
| ③ 59回……打たれたホームランの数 |
| ④ 281回……失点数 |
| ⑤ 秘密……試合に負けて泣いた回数 |
| ⑥ 無限……二刀流が無理だと言われた回数 |

　メジャーリーグで活躍している大谷翔平選手のプロ野球時代に関する数字です。何の数字と言葉でしょう。隣の人と相談しましょう。

・責任感をもって取り組んでいる子を取り上げ，成長を促す
▶Aさんのがんばりを思い出し，うなずきながら聞いている

・子どもたちの視線が黒板に集まるように，1つずつゆっくりと書いていく
▶左側の数字と言葉だけを見て，困惑している

100

これらはすべて，大谷選手の失敗や挫折の数だそうです。多いなあと思った人？

これまで輝かしい活躍を見せている大谷選手ですら，成功の陰にはこれだけの失敗や挫折があったのです。

始めに，「Ａさんが大きく成長している」と言いました。Ａさんは，運動会実行委員になり来る日も来る日も運動会をより良いものにしようと努力していました。でも，思い通りにいかずに悩んだ日もあったそうです。もしかしたらうまくいかないと感じていたのかもしれません。しかし，それらを乗り越え，見事成長してみせました。

> ０回……二刀流が無理だと思った回数

「自分にはできる」と，自分を信じること。失敗や挫折を乗り越えた先に，成功や成長が待っているはずです。

出典：セールスフォース・ジャパン／企業広告「失敗の数」篇
テレビ CM，OOH

▶ 驚きをもって話を聞いている
▶ ほとんどの子が手を挙げる

・Ａさんのエピソードを交えながら語ることで，より身近に感じるようにする
▶ 神妙な面持ちで話を聞く
・最後の１項目は，何も話さずに書く
▶ 真剣な表情で，黒板を見つめている

POINT

❶どの学級にも，あまり目立たなくても，責任感をもって与えられた役割や仕事に取り組んでいる子がいるはずです。その子にスポットライトを当てることで，その子と学級の成長を促していきます。

❷失敗は悪いことではないという安心感を与えるように話します。

❸具体的なエピソードを交えるとより効果的です。

（森　匡史）

第8節　「成長を実感させたいとき」のお話

中・高学年

人は変われる

>>> 「人は変わることができる」と勇気づけるための語り

自分を変えようとがんばっている子が変わり始めたときに語ります。その子の成長を喜ぶとともに、その子の姿から「人は変わることができる」ということを知り、自身の成長につなげていこうとする子を育てます。

　○○先生から，今日の昇降口そうじの様子について話を聞きました。どんなことだと思いますか。

　…実は，「だれもが一生懸命にそうじをしていた」というお話でした。先生は，その話を聞いて嬉しい気持ちになりました。その中でも特に，Aさんのそうじをしている姿が素晴らしいと感じたそうです。立派ですよね。拍手をしましょう。（拍手）

　ところでAさんは，今ほど一生懸命そうじをするような人だったのかな？
　（Aさんに尋ねる）
　そうなんですね。Aさんは今までの自分と今の自分は変わったと思うのですね。
　Aさんのように自分が変わったと思う人はいますか？
　心理学で有名なアルフレッド・アドラーという方が，次のような言葉を残しました。

・神妙な顔と低めの声で話し始める
▶ 緊張した空気に子どもたちの緊張感も高まる
・明るい表情と声で語りかける
・Aさんが過去の自分を素直に自己開示しやすい雰囲気をつくる

▶ 勢いよく自信をもって手を挙げる子や不安ながらに挙げる子がいる

> 今の自分を決めているのは自分自身だ。○○を持てさえすれば人間は3日で変われる。

○○には，どんな言葉が入ると思いますか。そこに入ると思う言葉を，ノートに書きましょう。

（その後，何人かの子に発表させた後，○○に「勇気」と板書する）

過去のAさんも今のAさんも，Aさんに変わりはありません。ですがきっと，Aさん自身が心のどこかで変わりたいと自分で決め，「勇気」をもったから，今のような姿のAさんがいるのではないでしょうか。そして，このクラスにはAさんのように自分は変わったと思える人がたくさんいると。

人は変わることができるのだということをみなさんが教えてくれました。これからも勇気をもって今の自分を打ち破って成長していきましょう。

出典：「まんが！100分 de 名著 アドラーの教え 『人生の意味の心理学』を読む」岸見一郎，NHK「100分 de 名著」制作班監修（宝島社）

▶ 覚悟，自信，自覚など○○に入る言葉を言う

・どの言葉も正解であると伝えつつ，アドラーの言葉を紹介する

・「人は変わることができる」という言葉に力をもたせて語る

▶ 成長という言葉に大きくうなずく

POINT

❶ ここで取り上げる子は，自分を変えようとがんばっている子にします。そのため，取り上げる時期やタイミングには注意が必要です。一過性の成長ではなく，ある程度成長した様子が持続したタイミングでこの語りを行います。

❷「1人も見捨てない」という観点から，だれもが同じように成長することができるという勇気づけを学級全体に行います。

（森　匡史）

「話す力・聞く力を育てたいとき」のお話

　第9節では、「話す力・聞く力を育てたいとき」のお話です。
　話す力や聞く力は、コミュニケーションの土台となる力です。また、授業などでの対話的な学びに大きく影響し、子どもたちがより良く成長していくための絶対条件となる力です。
　しかし、話す力や聞く力を含むコミュニケーションの力は、経験を通して徐々に身につく力のため、すぐにできるようにはなりません。今回のお話などをきっかけにして、日々の対話・話し合いの授業や学級指導、様々な教育活動から、1年間を通して育てていく長期的な視点が大切になります。
　この節では、学級の実態に合わせて話す力や聞く力の指導が必要な時期、さらに伸ばしたい時期に段階的に指導し、不十分なところは、繰り返し重点的に指導していくことを想定しています。

この節のポイント
①まずは、「聞く」ことを重視する。他者意識を大切にする
②学級や子どもの状況をよく見て、長期的な視点をもつ

まずは,「聞く」ことを重視する。他者意識を大切にする

　国語教育の権威である野口芳宏先生が,「学力の根本は聞く力」と仰るように,「聞く力」は, すべての教育活動において必要となる力です。

　多くの教室は, 聞き方や話し方の型や技術面の指導が中心で, 一時的かつ一過性の指導となりがちです。そのため, 指導したのになかなか子どもが育たないことも起こります。

　今回のお話では, まずは聞くことを重点的に指導し, 後に話す指導を行います。名言なども引用し対話をしながら目的や価値に気づけるようにし, 体験を通して, 長期的・段階的に聞く力や話す力を高めていきます。

　聞くことや話すことで, 一番重要なのは, 型より「他者意識」です。だからこそ, このお話だけではなく, 学校生活の中で周りや他者を意識した「聞く」や「話す」の行動がとれた子がいたら, 見逃さずに取り上げ, 価値づけ, 全体に広げていけるようにしていくことが大切です。

 ## 学級や子どもの状況をよく見て, 長期的な視点をもつ

　「話を聞きなさい」と叱責した経験がある先生も多いと思います。その際, 一時的には話を聞くかもしれませんが, また話を聞かない状態に戻ってしまうことも多いのではないでしょうか。

　話を聞けないのは, 聞くことの目的や価値がわからないのかもしれませんし, 他者意識が育っていないのかもしれません。他にも, その子にとって聞きにくい環境だったのかもしれませんし, 伝え方や言葉の選び方, 内容などが聞き手に合っていないなど, 話し手側の問題ということも考えられます。

　大切なことは, 学級や子どもたちの現状を「よく見る」ことです。1年後の成長した姿をゴールイメージとしてもち, 学級や子どもたちの実態に合わせて必要な指導を続けていきます。聞く力や話す力は, すぐに身につかないことを念頭に, 焦らずに長期的な視点で, 徐々に力を伸ばしていきます。

第9節　「話す力・聞く力を育てたいとき」のお話

低・中学年

聞くと聴くの違い

>>> きく目的を考えさせるための語り

ねらい　1学期の初めに，話を聞くことを重点的に指導する際の語りです。まず，「きく」目的を考えることで，自分から進んで「聴こう」とする意欲を高めていきます。

　「聞くこと」と「話すこと」って，どちらも大切なのですが，どちらの方がより大切だと思いますか？

　昔から語り継がれるユダヤの格言に，
「人には口が１つなのに，耳が２つあるのは，なぜか。それは，自分が話す倍だけ，他人の話を聞かなければならないからだ」
という言葉があります。実は，はるか昔から「聞く」方が大切だといわれているのです。
　なぜだと思いますか？
　（話し合いをして，列指名や自由起立発表などを行う）
　なるほど。相手のことをよく知ることや，自分が成長することにつながるのですね。他にも，話している相手が気持ちよく話ができるので，話し手に良い印象をもってもらえますよね。
　よく聞くことによって，良いことばかりですね。

・全員がどちらかに手を挙げて人数を数えるなどして，全員参加を促す
・名言を引用しながら，聞くことが大切だということに重みをもたせる
▶自分から積極的に話し合っている
・聞く目的を，交流を通して深めていき，不足があれば教師が補っていく
・どのような意見も肯定し，笑顔でほめて価値づける

106

（「聞く」「聴く」と板書する）読める人います
か？

さすがですね。両方とも「きく」と読みます。

実は意味が少し違います。どんな違いでしょう
か？

（話し合いをして，先ほどと同様に発表を促す）

実は，このような違いがあります。

「聞く」…無意識に耳に入ること。

「聴く」…積極的に耳を傾けること。

では，自分が成長するための「きく」は，どちら
でしょうか？　そうですね。「聴く」のほうですね。

「聴」という字には，耳と目と心の漢字が入って
いますね。Aさんが今，先生に体を向けて，目を合
わせて，うなずいて聞いてくれています。耳と目だ
けでなく，心から聴いてくれているんでしょうね。
こういった人が成長していく人なのですね。

わぁ！みんなが積極的に聴く姿勢になってくれま
した。これからも，普段から「聴く」ことを大切に
していきながら，もっと成長していきましょうね。

- 部首が見えるよう
  に大きく板書する
- ▶ 漢字の違いから
  意味の違いを見
  つけようとする
  子が出てくる
- 「聴」のパーツを
  分解して，「耳」
  「＋」「目」（90度
  傾ける）「心」と
  板書する
- よく聴けている子
  を見つけて，ほめ
  ながら望ましい姿
  を全体に広げる
- よく聴くための姿
  勢とはどのような
  ものか全員が体験
  できるようにする

POINT

❶年度はじめの4月は，学習規律面を指導することも多いと思います。「聞き
なさい」と叱責するのでなく，聞く目的を自分たちで考えながら明確にする
ことで，よく聴こうとする意識を高めていきます。

❷話を聞けない子に目がいきますが，よく聞いている子を取り上げ，なぜその
子が良いのかを価値づけて良い聴き方を伝えます。この話をきっかけに，普
段からがんばっている子を取り上げてほめていきます。

（浦野　道春）

第9節 「話す力・聞く力を育てたいとき」のお話

中・高学年

対話のサイクル

>>> 聞くことから，対話力を高めていくための語り

少しずつ上手に聞こうとする子が出てきましたが，話し合い活動では，まだまだ聞くことより話すことを重視して，一方通行になることがあります。そのため，聞くことに重点を置けるようにします。

（話し合い活動を終えて）

みなさん，話し合いが上手になってきました。

特に，話を聞くことが上手になってきた人がいましたね。だれだと思いますか？

（複数人の名前が挙がる）

今挙げてくれた人のどこが上手だと思いますか？

「Aさんが，うなずいてくれた」

「Bさんが，質問してくれた」

「Cさんが，笑顔で聞いてくれたから話しやすかった」

言ってくれたことは，充実した話し合い活動にするためには，とても大切なことですよね。

（下記を板書する）

```
スタート → 笑顔 → うなずき → 相づち
           ↑   対話力アップ↑    ↓
          プラスの感想や意見 ← 質問
```

- 笑顔で明るく話す
▶ 周りの友達を笑顔で見渡す
- 名前が出てこない場合は，教師から名前を挙げ，どこが素敵かを聞いたり伝えたりする
- 想定していなかった内容も，大いにほめて，良いところを見つける視点と明るい雰囲気を広げる

※「対話のサイクル」は，菊池省三先生が考案

これを「対話のサイクル」と言います。Ａさんも
Ｂさんも C さんも，伝えてくれる相手のことを大切
にしているからこそその聞き方ですよね。

対話やコミュニケーションは，一人ひとりが意見
をもって，相手の意見をよく聞いて，お互いの意見
について話し合いをしながら，より良い解決の方法
を見つけていくものです。みんながみんなの力で，
幸せになっていくために大切なことですね。

そのために，まずは C さんのような「笑顔で聞く
こと」からスタートです。Ａさんのうなずきや，Ｂ
さんの質問することも対話のレベルを上げるために
は，とても大切ですね。これらに取り組んでいる人
がいる，このクラスって，本当にすごいですよね。

より良いクラスをみんなでつくっていくためにも，
「対話のサイクル」を意識して，話し合いの力をも
っと上げていきたいですね。

・相手を大切にした
聞き方が対話のサ
イクルであること
を押さえる
・少し難しい内容な
ので，身振り手振
りも入れて丁寧に
伝える
・目の前で聞いてい
る子どもたちの様
子も取り上げる
▶意識的に笑顔を
つくろうとする
子やうなずこう
とする子などが
出る
・最後は，明るいト
ーンで伝え，意欲
につなげる

ＰＯＩＮＴ

❶子どもたちの発言や，目の前の子どもたちの良い聞き方の様子を取り上げな
がら「対話のサイクル」につなげます。また，その裏には，「相手（伝え手）
を大切にしている気持ち」があることを伝えていきます。
❷まずは教師が笑顔でいることや，子どもたちの発言にうなずいたり，相づち
を打ったり，質問したり，プラスの言葉かけをしたりと，教師が「対話のサ
イクル」の良きモデルとなるように心がけます。

（浦野　道春）

2章　第9節　「話す力・聞く力を育てたいとき」のお話　109

第9節　「話す力・聞く力を育てたいとき」のお話

中・高学年

一流の話の聞き方

>>> 聞いたことを行動や成長に結びつけさせるための語り

ねらい　話の聞き方が上手になってきました。しかし，ただ「聞く」だけでは，次の行動や成長には，なかなかつながりません。聞いて得られたことを行動と成長に結びつける意識を高めていきます。

　「聞く力」が伸びてきた人が，増えてきました。「聞く」ことで自分が成長できた実感はありますか？

　ある有名な棋士の方が言って，広まったとされるこのような言葉があります。（括弧の中の部分を書かずに板書する）

> 三流の人は，人の話を（聞かない）。
> 二流の人は，人の話を（聞く）。
> 一流の人は，人の話を聞いて，（実行）する。

　何が入るか考えてみましょう。（やりとりをする）
　さらにその上があります。何が入るでしょうか？

> 超一流の人は，人の話を聞いて，（工夫）する。

　一流や超一流に共通することは，聞いたことを，「行動に移している」ことです。超一流は，聞いたことをそのままやるのではなく，もっと良くしていくために，自分で考えて工夫もしています。

・成長できていると発言する子から話を詳しく聞き次の内容につなげる
・静寂をつくり，板書に集中できるようにする
　▶板書している様子を真剣に見ている
・子どもの反応に応じてヒントを出すなど，やりとりをしながら括弧の中をうめる

Ａさんは，先日の先生の話をノートにメモしていました。後日，取り組んだことを伝えてくれました。今も忘れないようにメモをしていますね。

Ｂさんは，習い事の先生の話を，もっと学ぼうと思って，本やインターネットで詳しく調べて，自学ノートに丁寧にまとめていました。

Ｃさんは，先日のディベート学習のときに，友達がアドバイスをしてくれたことを，次の試合ですぐに実行できていましたね。

他にもいます。これからまた増えると思います。聞いたことを行動に移せる人は，成長する人ですね。

この中に一流や超一流につながる行動ができる人がいるんです。このクラスって，やっぱりすごいですね。

今日聞いたことも，行動に移せたら素敵ですね。

それでは，これから自分が何をどのように取り組んでいきたいか，決意を成長ノートに書きましょう。

今書いたその決意を胸に，超一流に向かって，これからもがんばっていきましょうね。

・全体で取り上げる子の横や後ろに移動し，注目を集めつつ，全体に聞かせるように伝える
▶ 紹介した子に全員が注目する
▶ 自分も一流や超一流だ，と発言する子が出てくる
・その場で子どもたちからエピソードが出る場合は，そのエピソードも取り上げていく
・決意を書く時間を十分に確保する

ＰＯＩＮＴ

❶ 話をする前に，あらかじめ超一流につながる価値ある行動をとっている子をピックアップしておきます。名言の内容が教え込みにならずに，自分たちの身近な内容だと受け取れるように，準備をしておくことが大切です。

❷ どの子も「これなら，自分でもできそう」と思えるように，前向きな言葉を心がけます。またこの語りの後に，すぐに行動に移せた子を見逃さずに価値づけていきます。

(浦野　道春)

第9節 「話す力・聞く力を育てたいとき」のお話

第9節　「話す力・聞く力を育てたいとき」のお話

中・高学年

コミュニケーション力の公式

>>> 聞き手のことを考えて話す力を育てるための語り

ねらい　自分中心のコミュニケーションで「言った・言わない」のトラブルになることがありました。当事者同士のトラブル解決後の全体指導として，「聞き手のことを考えて話す」大切さを意識できるようにします。

　AさんとBさんの間で，トラブルが起こりました。あることを「言った・言わない」といった内容でした。同じようなことを経験した人もいますよね？
　今回は，コミュニケーションが少しうまくいっていなかったようです。何が足りなかったのでしょうか？
　（発言を促し，意見を数多く出させる）
　テレビで見たことがある人もいると思います，明治大学教授の齋藤孝先生は，著書の中で，
　・「話す」と「伝える」は，同じではない。
　・相手が「聞いている」から「伝わっている」とは限らない。
と書いています。
　コミュニケーションの良し悪しは，「受け手」が決めます。受け手の聞き方も大事ですが，話し手も，自分がちゃんと伝えたつもりでも，相手がそれを受け取れていなければ，意味がありません。
　大切なことは，聞き手に伝わりやすいように，よ

・ゆっくり，落ち着いたトーンで話す
▶うなずいて聞こうとする子がいる
・列指名や自由起立発表などで発言を促し，意見を肯定的に聞く
▶つぶやきが出たり，話し合ったりしている
・齋藤先生の写真を見せて紹介する

く考えて，言葉や伝え方を変えていくことなのです。

　上手に話すことは，大人でもとても難しいことです。うまく伝えるために，例えば言葉を短くする，わかりやすい言葉や内容に変える，ゆっくり話す，はっきりした声で話す，笑顔で話す，目を合わせるなど，他にもありますが，すべて聞き手のためにすることですよね。

　実は，コミュニケーション力には公式があります。

> コミュニケーション力
> 　＝（内容＋声＋表情・態度）× 相手軸

　そもそも相手への思いやりの気持ちが０なら，そのコミュニケーションは，０点になります。

　Ａさんもお Ｂさんも相手への思いやりがある人ですから，これからは大丈夫ですね。

　話をする側も，思いやりをもった言葉，声の調子や笑顔を大切にして伝えていけたらいいですね。

引用：『話がうまい人の頭の中』齋藤孝著（リベラル社）

▶ 同様の経験がある子は，特に真剣に聞いている

・相手に伝わる話し方はどんなものがあるか，自分たちで考えることができそうであれば，話し合いを入れる

・板書をして□の中身を，やりとりしながらうめていく

・「掛け算の関係」だからこそ，思いやりが大切だと強調する

※コミュニケーションの公式は，菊池省三先生が考案

ＰＯＩＮＴ

❶今回のように，学級内のトラブルをあえて取り上げて，全員で考えながら話を進めていくことで，子どもたちが自分事に置き換えやすくなり，話の価値を胸に落ちやすくしていきます。

❷上手な話し方は，一朝一夕では身につきません。この話をきっかけにして普段の授業を中心に，様々な教育活動の中で，思いやりをもった伝え方が意識できた子を取り上げてほめ，全体に広げていきます。

（浦野　道春）

「読む力・書く力を育てたいとき」のお話

　この節は「読む力・書く力を育てたいとき」のお話です。全教科の学びの基盤となる，重要な学習活動です。

　「読むこと」については一般的に「文章の読解力や，それをもとに想像する力」もしくは「読書に取り組む態度」を育てていくことが考えられます。「書くこと」については「目的や意図に応じて文章で表現する力」「文章表現を日常生活に活かす力」が考えられます。

　これらの資質を伸ばしていくためには，国語の授業時間以外の視点も必要です。メディアに触れる機会が多くなってきた現代こそ，小学校の学びにおいて多くの活字に触れ，また文章を書く機会を意識的に多くしていくべきだと考えます。それらの学習から，子どもたちは言葉への意識を高め，生涯の学びの基盤をつくっていくはずです。

　しかしながら，「本を読みなさい」「作文を書きなさい」だけでは，意欲は高まりません。反対に活字に対する苦手意識を生んでしまうかもしれません。本節では，子どもたちが能動的に「読むこと・書くこと」に向かっていくことを目指していきます。

この節のポイント
①子どもを引きつけるために資料提示の仕方を工夫する
②「読む力」「書く力」を効果的に高める順序を示す

子どもを引きつけるために資料提示の仕方を工夫する

　基本的に「読むこと」「書くこと」は学習活動の中で展開されます。したがって，授業中の場面で，子どもたちのやりとりの中で価値を伝えるように語ることを想定しています。

　その際に，能動的に話を聞く姿勢にするために，資料提示の仕方を工夫します。意外性のある話の切り出し方をすることで，子どもたちは「何だろう」と興味をもって話を聞きます。

　そのまま「よく読みましょう」「たくさん書きましょう」というのでは，意欲的には取り組みません。資料提示の工夫から，その場の子どもの様子も意識した上で語りをしていくことで，「もっとがんばりたい！」と思う子どもに育っていくのです。

 ## 「読む力」「書く力」を効果的に高める順序を示す

　どうすれば「読む力」が高まったといえるでしょうか。同じく「書く力」はどうすれば高まったといえるでしょうか。子どもたちに向かって「たくさん書きましょう」と言っても，どこまで書けばいいのか，どんな風に書けばいいのか，わかりません。

　そこで，「力を効果的に高める順序」を伝えます。例えば読む力をつけるためには，「たくさん本を読む」「難しい本に挑戦する」，書く力をつけるためには，「たくさん文章を書く」「わかりやすく順序立てられた文章を書く」などが挙げられます。より良く力を伸ばしていくために，どのような順番で学んでいくかを理解することで，子どもたちは見通しをもって学習活動に取り組めます。「こうすればうまくいく」という見通しが，前向きに取り組む子どもの姿につながっていくのです。

第10節　「読む力・書く力を育てたいとき」のお話

中・高学年

良き書物を読むことは

>>> 読書の価値を伝え，読書のレベルを高める意欲につなげる語り

読書の良さにまだ気づけていない子どもたちが，哲学者デカルトの読書についての逸話をもとに，読書の価値について考え，これからの生活で読書を通して学びを深めていこうとする姿勢を伸ばしていきます。

（「良き書物」と板書する）
「良き書物って何だろう」

　さて，デカルトという約400年前に活躍した哲学者を知っているでしょうか。これからみなさんが中学，そして高校へ進んでいくと必ず学ぶことになる偉大な哲学者です。その人の名言の最初の言葉です。
　続きを書きます。
「良き書物を読むことは，□□□と会話を交わすようなものだ」
　□□□にはどのような言葉が当てはまるでしょうか。近くの友達と相談してみましょう。
　では，この列の人は起立してください。前から順番に発表していきましょう。
「作者だと思います」
「先生だと思います」

▶子どもは「良き書物」とは何かを考え，思い思いにつぶやいている

・黒板に続きを板書し，□に注目がいくようにする

▶子どもはじっと黒板を眺めている

・5分の1黒板に「一人ひとり違っていい」と板書し，発表を楽しむ空気感を意識する

▶子どもたちは発表された意見を

デカルトは「良き書物を読むことは，過去の最も優れた人たちと会話を交わすようなものだ」と話していたそうです。

（目の前に厚く難しそうな１冊の本を用意する）

この本を書いた作者は，もうこの世にはいません。

この本を書いた作者は，いったいどれくらいの苦労をして，この本を書き上げたことでしょう。

１冊の本の向こう側には，その時代を生きた１人の人間がいるのです。未来に生きる私たちは，それらの知識を，存分に学ぶことができます。

きっと，デカルトは，多くの良き書物と出会い学び続けることで，のちに，偉大な哲学者と呼ばれるような人物になっていったのでしょう。

私は，この教室の中から，未来のデカルトのようなすごい人物が生まれるはずだと信じています。

ぜひ，良い本とたくさん出会って，素敵な人に育っていってくださいね。

引用：デカルト『方法序説』より

楽しんで聞いている

- 列指名後，間を空けてから，言い聞かせるように語り始める
- 具体物を用意することで，子どもの視線は語り手へ向かう
  ▶ 子どもたちはうなずきながら聞いている
- 教師の期待を込めたメッセージで締めくくる
  ▶ 一人ひとりが，「自分もがんばろう」という表情をしている

---

❶○ＩＮＴ

❶読書の質と量を上げるためにこの語りを活かしたいです。難しい本に挑戦する子や，読書量が多くなってきた子がいた場合，それを価値づけ，この語りにつなげていきます。

❷読書は自分の可能性を広げてくれる大切な学びであることを伝えたいです。そのためには，子どもたちに委ねるのではなく，読書の様子を見取り，その子に合った読書の取り組み方のレベルアップを目指します。

（神﨑　哲野）

第10節 「読む力・書く力を育てたいとき」のお話

全学年

作文の力は「質より量」で育つ

>>> 年度はじめ，作文に取り組む姿勢を伝えるための語り

新学年になって間もない頃，なかなか作文に取りかかれない子がいることが予想されます。子どもたちの作文に取り組む順序の原則を示し，まずは内容よりもたくさん書くことが大切だと気づかせます。

（授業の振り返りなど，作文に取り組んでいる状況で，数名の児童がなかなか筆を進められていない）

手を止めましょう。作文の途中ですが，持っている鉛筆を机の上に置いて，話を聞きましょう。

文章を書く上で，大切なのはどちらでしょう。

> A：上手な文章を書くこと。
> B：たくさんの文章を書くこと。

ノートの空いているところに，AかBか，そうだと思う方を書きましょう。

Aだと思う人は手を挙げてください。Bだと思う人は手を挙げてください。では，近くの人と，理由を言い合いましょう。

「上手な文章を書くことだよ。なぜなら…」
「たくさん文章を書くことだと思う」

・子どもたちの困っている様子を感じ取り，語り始める

・選択肢を黒板に板書し，思考を促す

・ノートに自分の考えを書くことで，全員が参加意識をもてるようにする

▶子どもたちは近くの友達と活発に意見を交流している

正解は…実はどちらも大切です。ですが，上手な文章を書けるようになるためには，必ず順番があります。

A，B，どちらが先でしょうか。

それは，まずは「たくさんの文章を書けるようになること」です。「多作」といいます。どんなに下手な文章でもいいから，たくさん書こうとしてみてください。思いついたことを，息をするように書き続けるのです。鉛筆から煙が出るくらいたくさん書くのです。

多くの人が勘違いをしてしまうのですが，初めから上手な文章なんて書ける人はいません。「多作」を心がけているうちに，自然と上手な文章が書けるようになっているはずです。

このことを「質より量」といいます。まずは，量に挑戦しましょう！　では再開します。鉛筆を持って。ようい，始め。

▶「上手な文章を書くことが大切」だと思っている子は驚きながら話を聞いている

・「質より量」を板書し，語りの内容を価値語として教室に残す

▶子どもたちは挑戦という言葉を聞いて，「やるぞ！」という気持ちになっている

POINT

❶当然，この語りだけでは，作文は書けるようにはなりません。しかし，目指す方向性は子どもたちと共有することができます。まずは「多作」を目指すことで，見通しをもって作文に取り組みます。

❷個別支援が必要な子には，文章構成の型を伝えるなどして，「できた！」という気持ちをもたせることが重要です。

（神﨑　哲野）

第10節 「読む力・書く力を育てたいとき」のお話

中・高学年

人は言葉で進化してきた

>>> 「読むこと」「書くこと」の大切さを考えさせるための語り

ねらい　普段から使っている言葉を捉えなおし，言葉を学ぶことが勉強であることに気づかせます。そして読書や書くことを通して自分の言葉の力を高めていこうとする態度を育てます。

（ホモ・サピエンスのイラストを提示する）
これは，何という生き物でしょうか。
近くの友達と相談してみましょう。

そうですね。「ホモ・サピエンス」といって，人間の祖先にあたる生き物です。
（猿のイラストを提示する）
こちらは，今も存在する，おさるさんですね。

人間の祖先が猿だと言われているのは，みなさんも知っていると思います。では，「猿」と「ホモ・サピエンス」では，何が一番違うのでしょうか。
「火をつかう，です」
「二足歩行，です」

・授業の始めにホモ・サピエンスのイラストを提示することで，子どもたちの意表をつき，興味をもたせる
▶夢中で写真を眺めている

・猿のイラストと比較することで子どもの思考を深める

▶活発に意見を言い合っている

120

「火をつかう」「道具をつかう」…色々な意見が出ましたね。さすがですね！

実は，その中でも，一番大きな違いは「複雑な言葉をつかう」だそうです。違う個体と言葉を交わし，ときには協力し，ときには衝突し，その過程で道具を生み出したり，火をつかったりして生きるようになっていきました。他の動物にはない力です！

ここに書いてあるのは何でしょう。（平安時代に書かれたひらがなを提示する）

これは，みなさんも使っているひらがなです。今から約1000年前に書かれたものです。こうしたものが伝わって，私たちが学ぶ「歴史」は生まれているのですね。

読むことは，昔の人々を知ることにつながるし，書くことは未来につながっていくのですね。

だから，「言葉の力」をつけるのは，過去に学び，未来を生きることにつながるのですね。

・様々な意見を出せた子どもたちに肯定的なメッセージを伝え，その後の語りを意欲的に聞く空気をつくる
▶「なるほど」と納得したような表情をしている
・日本語の歴史に触れることで，言葉は昔からつながってきているものだと気づかせ，語りに説得力をもたせる

ＰＯＩＮＴ

❶時間があれば，「言葉の力を高めるために，どんなことをすればいいでしょうか」などと発問するのもいいと思います。

❷言葉の力を高めることを，教室の学びの軸とするのが大切だと思います。学習活動や日常生活で使う言葉を意識させるのが重要です。

（神﨑　哲野）

第10節　「読む力・書く力を育てたいとき」のお話

中・高学年

読む力は想像力のもと

>>> 読むことを様々な視点から考え，学ぶ意欲につなげるための語り

読む力とは，文章を読む力だけではなく，想像力を働かせて「空気を読む」「気持ちを読む」「先を読む」など，様々な場面が想定できます。想像力に焦点を当て，様々な「読む」があることに気づかせます。

　今日はみなさんと「読む力」について考えていきましょう。
　（「〇〇を読む」と板書する）
　〇〇には，どんな言葉が入りますか。
　「文章を読む，だと思います」
　そうですよね。文章は「読むもの」ですよね。まさか，他にも考えがある人はいませんよね。
　「空気を読む，です」
　なるほど。文章と違って，目に見えないけど「空気を読む」とも言いますよね。よく考えられたね。

　こんな風に，人間は本を読む，文章を読むだけではなく，「空気を読む」や他には「気持ちを読む」や「先を読む」といった「目に見えないもの」を読む力もあるのです。
　では，「読む力」とはいったい何なのでしょうか。

・「どんな意見も正解だよね」などとつぶやいて伝えることで，意見を活発に出させる
▶すぐにわかり，多くの子が手を挙げている
・読む対象は見えるものだと思っている素振りで，意表を突かれた表情はしつつ，「たしかに」と納得感ももつ

> 読む力は，人間にしかない〇〇力。

　〇〇には，どんな言葉が入るでしょう。近くの友達と相談してみましょう。

　（子どもたちから様々な意見が出る）

　どれも素敵な意見ですね。先生はこう考えています。

　（「想像力」と板書する）

　この力は，特に最近話題になっている AI にはない力と言われています。（ロボットの写真を提示）

　なぜなら，想像することは人間にしかできない力で，読むことは想像することに他ならないからです。

　例えば，みなさんが本を読んでいるときに，絵を見ていないのにその光景が頭の中に浮かんできますよね。それは「想像力」が発揮されているからです。

　今一生懸命読書をしている人，友達の気持ちを読んでわかってあげようとする思いやりいっぱいの人，すべて「読む力」につながっていきますね。「読む力」は「想像力」のもとなんですね。

▶ 再び〇〇を問うことで，より意欲的に考えている

・子どもたちの意見とつなげながら話す

・ロボットの写真を提示することで，AI と人間の対比をより鮮明にさせる

▶ 納得した表情で話を聞いている

●POINT

❶ 語りが抽象的な内容であるため，子どもたちがイメージしやすいようにしたいです。そのためにイラストや比較を用いることで，想像しやすいようにします。

❷ 「読む力は想像力」と価値づけすることで，学校生活における様々な「読む」を，意識できるように声をかけていきます。

（神﨑　哲野）

「努力の大切さを伝えたいとき」のお話

　「努力の大切さ」は大人も子どもも，おそらく多くの人が理解しているのではないでしょうか。
　しかし，大切だとはわかっていても，努力を続けることができなかったり，努力しなくてもできるという安易な考えになったり，努力してもできなかった経験を言い訳にしてしまったりすると思います。
　だからこそ，努力を大切にしているから成功したという事例や，努力している方が楽なんだという努力に対するプラスのイメージを改めてもつことをこの節では意識していきます。努力の成功事例は，先生方自身のものである方が，プラスのイメージをもちやすくなるため望ましいです。難しい場合は，「先生の友達がね…」とするのも手でしょう。

この節のポイント
①子どもが努力に対するイメージを多様にもつ
②教師が「量」と「質」の関係を工夫して語る

子どもが努力に対するイメージを多様にもつ

　「努力」と聞くと、「根性」という言葉がセットでつきそうな、熱いイメージをもつ人も少なくないと思います。そういった受け止め方ができる子どもはそれでも良いのですが、改めて「努力の大切さ」を語るとき、そういったイメージに抵抗感をもつ子も多くいるのではないでしょうか。

　ビジネス書などでは「習慣化」の話が多く挙げられています。努力が上手な人は、「努力」が上手なのではなく、実は「習慣化」が上手だという話です。そもそも「努力」と思っていないがために、努力に対するハードルが低く、無意識的に「習慣化」されているのかもしれません。

　そのため、努力に対して、必ずしも熱いものではないという思いをもたせる方が、努力することが苦手な子どもにとってもその大切さを受け取りやすいのではないかと考えます。努力努力！と熱を入れて語るよりも、「まずはやってみる」「楽しんでやる」「当たり前にしてしまう」など、肩の力を入れすぎなくても大丈夫であるという視点をもたせたいです。

教師が「量」と「質」の関係を工夫して語る

　努力することに対してマイナスなイメージをもっている子からよく出てくる言葉は、「やってもできない」という内容です。

　しかし、「やってもできない」の裏には、努力量が足りていなかったか、その方法が自分に合っていなかったかのどちらかが潜んでいることが多くあります。それを直接語って伝えることもありますが、「努力の壺」の話のように、たとえ話をうまく使いながら語ることで、多くの子にとって受け入れやすくなると考えています。

　目に見えないからこそ、目に見えるものでたとえる話をすると、どの学年の子にも伝わりやすくなるのではないでしょうか。

2章　第11節　「努力の大切さを伝えたいとき」のお話　125

第11節　「努力の大切さを伝えたいとき」のお話

全学年

努力の壺

>>> 努力してもできないという考えをひっくり返すための語り

ねらい　「努力しても無駄だ」「できない」と努力しようとしない子がいるときに，そうではなく，できるようになるまであきらめず努力し続けることが大切なのだという考えを育てます。

　みなさんは壺って知っていますか？　そう，水などを溜めておく入れ物ですね。今日は「努力の壺」という有名なお話を紹介します。

▶ 壺に対して知っていることを口々に語る

　人が何か始めようとか，今までできなかったことをやろうと思ったとき，神様から努力の壺をもらいます。
　その壺はいろんな大きさがあって，人によって，ときには大きいのやら小さいのやらいろいろあります。そしてその壺は，その人の目には見えないのです。
　でもその人が壺の中に一生懸命「努力」を入れていくと，それが少しずつ溜まって，いつか「努力」があふれるとき，壺の大きさがわかるというのです。だから休まずに壺の中に努力を入れていけば，いつか必ずできるときがくるのです。

▶ 多くの子どもが興味をもって聞いている

・「でも」の部分から最後にかけて，少しオーバーに話す

126

（少し間をおいて，子どもたちの表情を見る）

このお話を聞いて，中にはそんなこと言ったって努力してもできないよ，という人もいますよね。その理由が，このお話の中に2つあります。

1つ目は，中を見ることができないということです。もしかしたらあと1回の努力で壺の中身があふれていたかもしれないのに，無理だとあきらめてしまうのです。

2つ目は，壺の大きさが人や場合によって違うということです。Ａさんは漢字を10回書けば覚えられるけど，Ｂさんは30回書かないと覚えられない。なのにＢさんは10回書いてあきらめてしまう。また，Ａさんは逆上がりのときは30回練習しないとできないのに，漢字のときは10回でできたのに，と10回であきらめてしまう。

壺があふれるまで努力する人を先生は応援します。みんなも励まし合い，努力していきましょうね。

出典：『子どもを変えた"親の一言"作文25選』向山洋一，野口芳宏，水野茂一解説，東京子ども教育センター教室編（明治図書）

> ▶ 数人うなずいている

・時折うなずいていた子たちに目を合わせながら話す

・「Ａさんは」と「Ｂさんは」で身振り手振りを入れるとわかりやすい

> ▶ どの子も「そういうことか」と明るい表情になっている

・最後は笑顔で締めくくる

POINT

❶どの学年にも，「努力なんて…」とがんばることができない子どもがいると思います。そういった子たちを「ダメだよ」と否定から入るのではなく，寄り添いながら関わることを心がけたいです。

❷語りの最後に，「先生は応援します」とアイメッセージで語ることで，教師のスタンスを示すことができます。子どもたちも努力の価値に気づいていることを信じて，笑顔で締めくくりましょう。

（堀越　嵐）

2章　第11節　「努力の大切さを伝えたいとき」のお話

第11節 「努力の大切さを伝えたいとき」のお話

全学年

努力は必ず報われる

>>> 努力によって必ず人は成長できるという気持ちを育てるための語り

ねらい 教師が体験談を話して聞かせることで，関心をもちやすくするとともに，あきらめないでやり通すことの価値に気づき，成長するまで努力しようという意欲を高めます。

　先生が小学生のときの話をしますね。

　先生が小学5年生のときの50mのタイムは何秒くらいだと思いますか？
　実は，9.8秒です。5年生のときに初めて10秒を切ることができました。
　では，6年生のときは何秒になったと思いますか？ 6年生のときは8.0秒でした。すごく伸びました。どうして伸びたのでしょうか。

　それはね，たくさん走りました。夏休みに毎朝走りました。そしたら，夏休み明けにタイムが縮まっていたのです。初めてリレーの選手になれました。

　でもね，それだけ速くなっても部活の大会の選手にはなれませんでした。足が速くなるのが大会の登録に間に合わなかったのです。

▶ 口々に予想を話す

▶ 多くの子が驚きのリアクションをとる

・「練習した！」などの意見に対し，微笑み，うなずく

・トーンを落とし，ゆっくりと話す

「しょうがないか」と思いました。だって，自分が努力するのが遅かったから。でも，そのときの先生が，「冬の大会まで続けてみないか」と声をかけてくれました。なのでもう少しだけ，努力してみることにしました。冬休みも毎日自分でメニューをつくって，欠かさずやりました。

結果，学校で一番足が速くなり，選手にもなることができました。周りの友達から，「まさか君が足速くなるなんて」とたくさん言われました。自分でも，今でも，そう思います。

人はいつ変わるかわかりません。今できない，苦手なことも，努力をすれば自分の得意なことに変わることはいくらでもあるのです。「努力したい」，「できるようになりたい」ことに努力を惜しまず，みんなでがんばっていきましょうね。

▶「なるほど」というリアクションや「すごいな」というリアクションを静かにとる子が多くいる

▶驚きと同時に「たしかに」という表情をしている

・「努力したい」「できるようになりたい」と区切ることで，走る以外のことにも当てはまることを強調する

POINT

❶教師の，実は昔はできなかった，という話は子どもたちにとってとてもインパクトがあり，共感しやすい内容になります。教師が自己開示することによって，子どもたちの意欲を喚起します。

❷このエピソードだけだと，子どもたちにとっては足が速くなることのみの話に捉えられてしまうこともあります。そうではなく，自分が努力したいこと，できるようになりたいことと言い添えることで，どの子にも価値に気づかせるようにします。

（堀越　嵐）

2章　第11節　「努力の大切さを伝えたいとき」のお話　129

第11節 「努力の大切さを伝えたいとき」のお話

中・高学年

伝説のドアマンに学ぶ

>>> 1つのことを極めることの大切さに気づかせる語り

1つのことを極めて多くの人から信頼された人の話を語って聞かせることで，どんなことでも努力することで自分にしかできない武器にすることができると気づかせます。

　みなさんは何か1つ，これだけは絶対にだれにも負けない！ということってありますか？
　だれにも，と言われると難しいですよね。
　今日は，とある，伝説のドアマンと呼ばれるようになった人の話を紹介します。
　（ドアマンの写真と名田正敏さんの写真をはる）
　この方は名田正敏さんといいます。この方は，中学校に行っていません。家が貧しかったため進学できず，小学校を卒業した後，魚の仲買商見習いになりました。でも廃業になり，34歳で初めてホテルマンになりました。
　そんな名田さんが31年のホテル勤めを終えて引退するときには，約350人の人々が集まり，お別れパーティーを開いてくれたそうです。
　なぜ，そんなにも人が集まったのでしょうか。
　それは，名田さんが約4000人ものお客様の顔と名前を憶えていたからだといわれています。
　顔と名前を憶えているから，そのお客様が来たと

▶うーん，と難しそうな表情を多くの子がうかべる

▶知らない子が多く，教室がざわつく

▶驚きのリアクションをとる子がいる
・なぜの部分で少し間をとる

きに、「〇〇様、ようこそいらっしゃいました」と挨拶ができる。さらには、「〇〇様、昇進おめでとうございます」とまで言える。自分の休みの日に、よく利用されるお客様の会社を訪問して、顔と名前、車の種類、ナンバー、運転手の名前を憶える努力をしたそうです。

そうやって憶えていてくれるから、ホテルを利用する人も気持ちが良くなって、また名田さんがいるこのホテルを使おう！となったそうです。

人の顔と名前を憶えるだけだったらだれにでもできますよね。でもそれを4000人も、しかも車までとなると、だれにでもできることではありません。何でもないことでも、そこまで突き詰めれば、だれにも負けない、自分だけの武器となるのです。挨拶でも、運動でも、自主学習でも何でもいいですね。

あなたができそうなことは何ですか？

参考文献：『地湧の菩薩たち』神渡良平著（致知出版社）

▶ 驚きと納得のリアクションを多くの子がとる

▶「そんなことできないよ」と困惑する子が出てくる

・「挨拶でも」から子どもたちと目を合わせながら力強く、かつ優しい表情で語る

▶「これならできるかも」と安心する子が増える

POINT

❶学年が上がってくると、自己肯定感が低く、自分にできることは何もないと思っている子が多くなります。名田さんのエピソードはこういう子に強く刺さるものです。

❷「何でもいい」と優しく強く語りかけることで、その子なりのがんばりができるように促します。

（堀越　嵐）

第11節　「努力の大切さを伝えたいとき」のお話

中・高学年

努力をしている方が楽

>>> 努力に対する考え方を変えるための語り

努力することが辛い，格好悪いと思っている子がいる雰囲気のときに，実は努力をしている方が楽なのだと気づかせることで，努力へ向かうように行動変容を促します。

（「努力をしている方が○」と板書する）
「努力をしている方が」の後にどんな言葉が入りそうですか？

（「楽」と板書する）
なぜ楽なのでしょうか。

とある本にこんなことが書いてありました。

> なにもしていないというのは不安と正面から戦わないといけない。なにかに没頭することが，精神の安定にとって重要であることは間違いない。行動することで余計なことを考えなくても済むからだ。

たしかに，不安に感じているときって考えれば考えるほど不安ですよね。テスト勉強しなきゃ！と勉強していないときは思うけれど，いざテスト勉強を

・急に板書をし，注目を集める

▶マイナスな要素を挙げる子が多くいる

▶多くの子が「何で？」と不思議そうな表情になる

▶「あ～！」と納得する子が増える

始めたら勉強しなきゃとは思わなくなりますね。

　バレーボール選手で，前日本代表主将の柳田将洋選手は，「不安を減らす第一歩は，いつ不安というストレスを感じているのか，それに対して自分は何をしようとしているのか，それを明確にして整理することです。（中略）今できることをひとつひとつやっていくしかありません」と言っています。

　<u>辛い，嫌だ，苦しいと思っているのは動いていないからです。何もしないでああだこうだ言っていることが一番格好悪いのです。努力をしている方が楽。とにかく，動きましょう。</u>

> ▶ 納得する子がさらに増え，教室がやる気に満ちあふれてくる
>
> ・間をおいてから最後の語りに入る
> ・「格好悪いのです」から力強く，最後は笑顔で話す

参考文献：『努力の習慣化』柳田将洋著（KADOKAWA）
引用：『「仕事ができるやつ」になる最短の道』安達裕哉著（日本実業出版社）

POINT

❶ 語り始めから，「努力をしている方が楽」と出すことで，そう思っていない子たちがなぜ？と考えながら聞くようになります。
❷ 話の全体を通して，明るい口調を意識することで，よりプラスなイメージをもたせます。

（堀越　嵐）

「思いやりの大切さを伝えたいとき」のお話

　第12節では，年間を通した指導を想定しています。学校生活はもちろんのこと，その先の人生でも，他者と関わらないことはあり得ません。その点において，良好な社会生活を送っていくためには，思いやりの視点が欠かせません。

　子どもは本来，自己中心的な存在です。指導しないままでいると，子ども同士の関係性の薄い，思いやりのない教室になります。しかし，思いやりの指導は，ともすると「お説教」になりがちです。

　その原因は，思いやりが自他の「成長」につながるという視点を，子どもたちがイメージしにくいからではないでしょうか。そこで，以下の視点を意識して指導します。

　1年間の前半では，教師が子どもの「思いやり」のある行動を価値づけます。その過程で，子どもは他者と良好な関係の築き方を学びます。

　1年間の後半では，社会で求められる能力の伸長につながるような，より質の高い「思いやり」を価値づけます。その過程で，子どもは，お互いに影響し合いながら成長することを実感します。

この節のポイント

①子どもが自分を大切にする心と他者を大切にする心を育てる
②価値づける「思いやり」の質を高める

子どもが自分を大切にする心と他者を大切にする心を育てる

　大人もそうですが，自分に自信がなかったり余裕がなかったりすると「思いやり」の心をもつことはできません。自分が満たされて初めて，他者や自他の成長に意識を向ける余裕が出てくるのです。

　そのために，まずは教師が子どもの行動を価値づけ，自己肯定感をもたせることが重要です。教師が子どもの思いやりのある行動を見取り，価値づけをして全体に共有します。それにより，思いやりをもった行動の大切さについて，実感を伴って理解できます。

　初めは，教師が価値づけをしていきますが，徐々に友達同士の関わり合いの中で思いやりのある行動をしたとき，されたときの感想交流などを取り入れていくことで，よりあたたかい人間関係が広がっていくことが期待できます。

価値づける「思いやり」の質を高める

　「思いやり」や「思いやりのある行動」とは，どのようなものを指すのでしょうか。子どもたちに問うと「困っている人を助ける」，「友達を気遣う」，などの答えが返ってきます。これらは，わかりやすい「思いやり」です。気が利く子や，すぐに行動に移せる子が注目されほめられて，いわゆる「正解」がわかる子がほめられるというような構図になることもあります。

　しかし，それ以外にも日常生活の中で子どもたちの行動の中には「思いやり」，つまり相手への想像力があふれています。自他の成長につながる行動，相手の心に何かしらの働きかけをすることすべてが「思いやり」の行動です。これを「より質の高い思いやり」ということもできるかもしれません。

　そこで，語りを通して，そういった自他の成長につながるような具体の行動を取り上げて全体に共有し，価値づけます。あらゆる場面で想像力を働かせて行動できるように育てていくことが大切です。

2章　第12節　「思いやりの大切さを伝えたいとき」のお話　135

第12節　「思いやりの大切さを伝えたいとき」のお話

高学年

思いやりは想像力〜ボスになるな！リーダーになれ！〜

>>> 相手の立場を想像し，思いやりをもたせるための語り

ねらい　下級生のまとめ役になる機会が増える高学年に対して，相手軸に立って行動することの素晴らしさを感じさせ，行動のきっかけをつくります。

　高学年のみなさんは，下級生の前に立って活動する場面がたくさんあります。
　今日は，そんなみなさんにイギリスの百貨店王H・ゴードン・セルフリッジの言葉を紹介します。
（「ボスとリーダーの違い」と板書する）

> ボスは間違いを非難するが，
> リーダーは間違いを改善する。
>
> ボスはやり方を知っているが教えない，
> リーダーはやり方を教える。
>
> ボスは『やれ』と命じるが，リーダーは『さあ，やろう』と言う。
>
> ボスは『私は』と言い，リーダーは『私たちは』と言う。

▶高学年という自分たちの立場を意識し，自然と姿勢を正す

・電子黒板に提示する
▶意味を考えながら音読をする

・音読後，3秒ほど間をとり，余韻を与える
▶言葉の意味を真剣な表情で考える

ボスとリーダーの違いは，何でしょうか。

「優しさ！」

「相手のことを考える気持ち！」

「責任感！」

そうですよね。先生は，これらをまとめると「思いやり」で表せると思います。高学年として下級生と接する中で，自分は簡単にできることができなかったり，自分が知っていることを知らなかったりする下級生に対して，もどかしいなと思うこともあるかもしれません。

そんなときに，相手の立ち位置を想像し，どうすれば相手が成長できるのか，何を相手は求めているのかを相手の立場に立って考える。これが思いやりですよね。そうやって起こした思いやりの行動は，下級生を安心させ，下級生が伸び伸びと力を発揮することができます。思いやりは優しさです。

まず，自分がリーダーになろうと決めた人から，もう一度背筋を伸ばしましょう。

参考 HP：https://www.teoria.jp/?p=560

・思いやりにつながることは，すべて認め，価値づける
▶ 一人ひとり意見が違って良いことを実感する

▶ まとめ役が，高学年として「やるべきこと」ではなく，「やりたいこと」であると前向きに捉え，真剣な表情になる

▶ 真剣な表情で，背筋を伸ばす

第12節　「思いやりの大切さを伝えたいとき」のお話

POINT

❶ 高学年は，下級生に対して「～してあげる」「～させる」という，どこか自分たちの方が優れていて偉いという心構えで接してしまうことがあります。だからこそ思いやりの気持ちをもち，ときには対等に接する態度が大切です。

❷ 前に立つことが得意な人や発言力がある人だけではなく，全員がリーダーとして活躍できるのだということを伝えます。

（山田　明依）

「思いやりの大切さを伝えたいとき」のお話

第12節

中・高学年

挨拶は，相手に対する思いやり

>>> 挨拶と思いやりの関係性について考えさせるための語り

ねらい　挨拶の意義について再考したい場面で，挨拶は相手に思いを馳せる行為であることを実感できるきっかけをつくります。

　挨拶は，何のためにすると思いますか？
「礼儀正しく振る舞うため」「気持ちが明るくなるから」

　みんなが毎日している挨拶ですが，今日はその語源について話します。（板書する）

> 挨は「押す」，拶は「せまる」

という意味があります。自分の心を押し開いて相手の心に近づくという意味があるのです。

　町の中を歩いていて，すれ違った見知らぬ人には，普通挨拶をしません。でも，知っている人や学校内で会った人には挨拶をします。なぜでしょうか。
「お互いが笑顔になりたいから」
「話をするきっかけをつくりたいから」

・「いつも元気な挨拶をする○○さん」「いつも自分から挨拶する○○さん」などと指名していく
▶指名された子どもは嬉しそうな表情をする

・板書の「押す」「せまる」を示しながら，話す

・子どもが考える間をとる

そうですよね。私たちは，相手との関係性を良くしたいという思いがあるからこそ，挨拶をするのですよね。相手に少しでも心地良く感じてほしいから挨拶をするのですよね。

そう考えると挨拶は，相手に対する思いの表れでもあります。相手がいるからこそ私たちは挨拶をしようと思います。思いやりを届けようと思います。

挨拶ひとつにも相手への思いがたくさんこもっています。「おはよう」，「こんにちは」という，たった一言にも，相手に対する親しみや尊敬などのメッセージをのせられます。

みなさんはその一言にどんな思いを込めますか。相手からの一言にどんな思いを受け取りますか。

毎日の挨拶が，思いやりがあふれるキャッチボールになると，より笑顔があふれるあたたかい教室になりますね。

明日からの挨拶にどんな気持ちを込めるか，成長ノートに書きましょう。

参考 HP：https://www.hongwanji.or.jp/ 「仏教語豆事典」

・「～ですよね」を用いて，問いかけに対する子ども自身の回答を認めていることを伝える
▶ 挨拶の意義を再認識し，挨拶に対して前向きに捉え，表情が明るくなる

・一人ひとりを見ながら問いかけ
▶ 自分事として具体的な場面を想像する

第12節 「思いやりの大切さを伝えたいとき」のお話

ⓅⓄⒾⓃⓉ

❶普段何気なく行っている挨拶も，実は相手を思いやってこその行動であることを価値づけます。

❷挨拶の言葉ひとつにも意味が込められていることを実感することで，他の言葉にもこだわり，使う言葉を意識する習慣を身につけていくことができます。

（山田　明依）

2章　第12節　「思いやりの大切さを伝えたいとき」のお話　139

第12節 「思いやりの大切さを伝えたいとき」のお話

中・高学年

断ることも思いやり

>>> 断る行為も，成長に必要であることを伝えるための語り

ねらい

不適切なお願いを断ることができた子どもがいた場面で，自分や相手の成長を大切にして行動することが，思いやりであることを感じさせます。

　さっき，Aさんはとても思いやりがあるなと思いました。何をしていたと思いますか？

　Aさんは，さっき，頼み事を「断った」のです。「断った」ことが思いやりのあることだと聞いて，びっくりした人はいませんか？

　実は，AさんはBさんに「（決められた役割である）ぞうきんとほうきを代わって」という，ずるいお願いをされました。その頼みを断ったのです。直後は，きっと気まずくなってしまいますね。その場の雰囲気を良くすることを優先させるとしたら，代わってあげた方が相手に喜ばれますよね。

　それでも，Aさんは勇気をもって断りました。目の前のことではなく，Bさんの成長を優先させました。Bさん，断られてどう思いましたか？

　「ちょっと嫌だったけれど，言ってしまったことを反省しました」

- 嬉しそうな表情で話す
- 「断った」を強調して話す
  ▶ 予想外の展開に驚いた表情をする
- Bさんが気まずくならないように，Bさんに叱っているわけではないと伝わるよう柔らかい表情で話す
  ▶ Bさんは，自分自身の行動を再度振り返る

140

そうですよね。Ａさんに断られたとき，Ｂさんは自分の行動を振り返ることができました。

Ａさんが断ったのは，Ｂさんの成長を願っているからこその行動で，これも「思いやり」の行動ですね。勇気をもって断った瞬間，Ａさんは成長しました。素直にＡさんの言葉を受け止めて行動を変えることができたＢさんも成長しました。こうやって，お互いが成長していくのですね。

相手をその場で喜ばせたり嬉しそうにさせたりすることだけが思いやりではないのです。「断ることも思いやり」です。自分と相手の成長を想ってこその行動なのです。心が強い人が思いやりをもてる。ニコニコしているだけが思いやりではない。こういう人がいるからこそ，クラスが成長する方向に変化していきますね。

お話を聞いて，考えたこと，決意したことを成長ノートに書きましょう。

- ・Ｂさんに体を向けて，目を合わせながら笑顔で話す

- ・成長している両者をほめながら，明るい口調で伝える
  ▶ 学級の子どもが，2人を賞賛する
- ・一文ずつ，子どもたちの反応を確認しながら，力強く話す

  ▶ 真剣な表情で，鉛筆を手にとる

ＰＯＩＮＴ

❶Ａさんの行動を価値づけるとともに，Ｂさんに不適切な行動に気づかせることもできます。

❷Ｂさんの名前を出すかどうかは，教師とＢさんの関係性や，Ｂさんが全体指導しても前向きに捉えられる子どもであるかを見極めた上で決めます。

（山田　明依）

第12節 「思いやりの大切さを伝えたいとき」のお話

全学年

思いやりの心がチームを強くする

>>> 教室を，一丸となって成長する場にするための語り

ねらい 他者の立場に立つことで，お互いを思いやり，自分の力を惜しみなく与えたりそれを素直に受け止めたりする態度を育てます。

　今日の算数で，自分の力を惜しみなく使い，友達を手伝っている人がいました。その姿を見て，先生はある人の言葉を思い出しました。
　（写真を見せる）
　ラグビーワールドカップ2023日本代表の「笑わない男」で知られている稲垣啓太選手です。
　稲垣選手が言った，こんな言葉があります。
　○○○○の心がチームを強くする。
　（板書する）

　空欄には，何が入るでしょうか。正解は，
　思いやりの心がチームを強くする。
　稲垣選手は，チーム全員がお互いのために一生懸命に力を出し切ることが，チーム全体が強くなることにつながると言っています。
　では，ここでいう「強くなる」とは，どういう意味でしょうか。
　「助け合えるようになる」

▶該当する子どもが，自分のことだと気づき，笑顔になる

・写真は，Ａ３の紙に印刷するか，電子黒板に映して提示する

▶知っている子どもも知らない子どもも，日本代表という言葉を聞いて，興味津々の表情をする

・一人ひとりを見ながら問いかける

142

「仲間の弱みを自分の強みでカバーする」

　そうですね。お互いのことを想像し，知ろうとする。そうすると，相手が困っているときに手を差し伸べることができる。そのようにして，お互いに助け合いながら成長できること，これが「強くなる」ということです。

　このクラスでは，手を差し伸べてもらった相手もそれを素直に受け止め，感謝の気持ちを伝えることができます。相手を思いやる気持ち，成長したいという気持ちがあってこその行動ですね。
　こうやって，クラスが1つのチームになったとき，みんなで「成長」という1つの目的に向かってお互いに高め合うことができますね。
　相手を思いやることで，自分も相手も成長する。一緒に高め合っていくのが，チームなのですね。
　このクラスで，どのようなチームを目指すのか，今の話も踏まえて成長ノートに書きましょう。みんなの考えを読むのが楽しみです。

▶「強い＝試合で勝つ」以外の意味もあることに気づく

▶「あのときのことね！」などと子どもたち自身も誇らしげな表情をする

▶自分たちに自信をもち，前向きな気持ちで，鉛筆を持つ

ＰＯＩＮＴ

❶学級には，学習や運動，生活面において様々な能力の子どもがいます。子どもたちは能力差に優劣をつけがちです。しかし，その差をプラスに捉え，お互いに高め合うことに活かそうとする捉え方が大切です。

❷思いやりは，局所的に表れるものだけではなく，日常の学習や生活の様々な場面で，お互いを助け合う態度として醸成されます。教師はそれらの態度を日常的に価値づけることが大切です。

（山田　明依）

「命の大切さを伝えたいとき」のお話

　第13節は、「命の大切さを伝えたいとき」のお話です。
　1人の人間がこの世に誕生する確率をご存知ですか。3億分の1の確率という奇跡的な数字だそうです。そのように考えれば、今、この世界にいる命が愛おしい存在に感じられ、命の尊さを改めて感じられる方も多いのではないでしょうか。
　しかし、小学校教師として、この命の大切さを伝えることは、非常に難しいことです。理由は、命は目に見えず、実感を伴って理解をすることが困難だからです。命の大切さを教科書などで説かれても、子どもにとっては現実味がありません。そのため、子どもたちの授業での反応が鈍くなり、結果、終始教師が一方的に話し続けてしまう。子どもはより命に対して興味をもたなくなる。このような悪循環に陥るのです。
　どうすれば、抽象的な概念である「命」に対し、価値や本質を子どもが理解し、命を大切にしていこうとする心情を育てることができるのでしょうか。この節では、以下のポイントに着目し、スッと子どもたちの胸に落ちるような命の指導の工夫や教師の在り方をお話しします。

この節のポイント
①意表をついた発問を軸として、命の大切さに気づかせる
②教師は、身近な資料を提示し、自分事として考えさせる

意表をついた発問を軸として，命の大切さに気づかせる

　命を扱う授業では，意表をついた発問を軸として語りを行うことが有効です。教師は，語りを行う際に２つのポイントに気をつけ，子どもたちに伝えていきます。１つ目は，「命は，どういうものか」という概念的な部分。もう１つは，「命の大切さ」を伝える指導的な部分があります。

　「命は，どういうものか」という概念的な段階では，子どもにとって身近なものを例にして考えさせます。例えば，鉛筆と木という２つのものと命を関連させ，「鉛筆は生きているか」という発問を投げかけてみます。そうすると，木から鉛筆ができていることに子どもが気づき「植物の命が姿を変え，自分の生活を支えてくれている」という自分の生活と命を関連させて考えていくことができます。

　また，「命の大切さ」を伝える指導的な段階では，１人の人間が生まれる確率などを数字で提示し，一人ひとりが，奇跡のような存在であることを教師が語ることで，子どもたちの発言から命に対する新たな気づきや発見を促すことができます。

 ## 教師は，身近な資料を提示し，自分事として考えさせる

　命の大切さを伝えるためには，子どもが興味をもつ身近な写真や資料を提示し，子ども自身が自分事として命について考える機会を設けます。

　例えば，低学年では，生活科の授業の中で，朝顔や野菜の栽培などを行います。子どもたちが植物のお世話をしている様子などを写真で保存しておき，教師が，語りの中で提示することで，子どもたちが身近な１枚の写真から，生活体験なども関連させ，命について考えたり，自分事として捉えたりするきっかけづくりを行います。

　教師は，子どもがどう感じ，気づき，発見していくかをやりとりの中から見取り，発言や考えを受け止めながら心に響く語りを行うことが大切です。

第13節 「命の大切さを伝えたいとき」のお話

中・高学年

いじめは，心の死である

>>> いじめを未然に防止するための語り

ねらい いじめの未然防止のため，命の大切さについて気づかせたい場面を想定し行います。インパクトのある教材提示や発問により，子どもの心を揺さぶり「いじめ」をなくしたいという気持ちをより醸成します。

みなさんから見て，このポスターの人は，何歳くらいの人に見えますか。

実は，大人です。でも，ランドセルは小学生が背負う物ですよね。そのランドセルに傷がついています。

この四角の中には，言葉が書かれています。どんな言葉が入ると思いますか。実はこれです。
（板書する）

> 子どもの頃に言われた言葉を，
> 大人になった今でも思い出すことがある。

これは，過去にだれかの言葉によって傷つけられ，その傷が大人になっても，ずっと残り続けるということですね。

- 言葉を隠してポスターをはる
  - ▶ 子どもたちの視線が一気に教師に集まる
  - ▶「20歳」「高校生」などの声が聞こえる
  - ▶「傷ついた」「悲しみが続く」などの声があがる
- 隠していたポスターの言葉を静かに読む

また，2019年に放送された人気テレビ番組「3年A組」というドラマの中で，「おまえの言葉ひとつで，簡単に命を奪えるということを忘れるな！」という同じような言葉が出てきます。

「いじめは，心の死である」（板書する）

人間は体と心，2つの命をもっています。生きているということは，その2つがきちんと動いて健康であるということなのですね。それがもし…酷い言葉により心が傷つき，壊れ，死んでしまったとしたら，ただ単に体だけの命で生きていたとしたら，それは，本当に「生きている状態」といえるのでしょうか。中身の心がない抜け殻そのものなのではないでしょうか。いじめは…その人の心を殺すのです。

言葉は，人を救うこともあれば，人を殺してしまうこともあります。言った言葉は，もう消すことはできません。言葉は「その人自身」を表します。言葉は，自分の鏡です。言葉を磨くことが，自分の命も相手の命も大切にすることになるのです。

協力：人権アートプロジェクト：女子美術大学・女子美術大学短期大学部／電通グループ

・教師は，子どもから目線を逸らさず，伝える
  ▶ しーんと静まり返る教室
・大きく黒板に板書していく
・体の死と心の死の2つの死について，教師は子どもに伝えていく
  ▶ うつむき悲しそうな顔をする子どもたちの様子
・教師は静かに力強く語る
  ▶ ポスターに釘づけの子どもたちの様子。何人かの子どもは，泣いている

ⓅⓄⒾⓃⓉ

❶最初の展開からインパクトのある教材を提示することで，子どもの心を大きく揺さぶり，深く考えることにつながります。

❷語りの後には，一人ひとりが自分自身を見つめなおす振り返りの時間を設けると効果的です。

（小野寺 真里）

第13節 「命の大切さを伝えたいとき」のお話

低学年

物にも新しい命を吹き込む

>>> 物の大切さを伝えるための語り

ねらい 物を大切にしていない様子が学級で見られ始めたとき，物を大切にしてほしいという気持ちを伝えるため，子どもが使っている実物を取り上げて，丁寧に物を扱おうとする心を育てます。

（Aさんの短い鉛筆を見せながら）
このAさんの鉛筆に「命」は，あると思いますか。
「ない！ 生き物じゃないもん！」
「あるよ！ お母さんがそう言ってたもん！」

正解は，命があります。なぜかというと鉛筆は，もともとコレからできているからです。

鉛筆は，もともと生きている木からできているのですね。鉛筆は，使うたびに削ります。みなさんが勉強をするたびに鉛筆は，命を削られているのです。

- Aさんの短い鉛筆をみんなの前に提示する
- ▶ 子どもたちの視線が一気に鉛筆に注がれる
- ▶「ある」「ない」の2つに分かれ，盛り上がる
- ▶「あっ！」という声が聞こえる

メジャーリーグで活躍したイチロー選手は，プロとして「道具を自分の体の一部として考え，常にバットを丁寧に扱う」そうです。

バットも鉛筆も生きている木からできています。私たちは，食べ物以外でも，たくさんの命を日々いただきながら生活しています。物を大切にするということは，命に新しい命を吹き込むのと一緒です。木は，鉛筆やバットなどの新しい物に形を変えましたが，使う人の思いや気持ちが物に表れていくのではないかと思います。

Aさんの鉛筆をもう一度見てください。Aさんは，最後の木の部分が短くなるところまでがんばって使ったんですね。

物を大切にできる人は，どんな命も大切にできる人です。身の回りにあるすべての物を丁寧に扱って，たくさんの命を大切にできる優しい人になってくださいね。

参考文献：『最高の自分を引き出すイチロー思考』児玉光雄著（三笠書房）

・イチローがバットを大切にしている画像を提示する
▶「あのイチローさんも道具を大切にしているんだ…」などの声が聞こえる
・穏やかだが教師は子どもたちの目を見て力強く語る

・Aさんの鉛筆を再度手にとり，子どもたちに見せる
▶Aさんに笑顔がこぼれる
▶自分の鉛筆を静かに眺める子どもが増える

╭─ⓅⓄⒾⓃⓉ
❶命という目に見えないものを，実物や写真などを提示し語ることで，子どもたちの心に命の大切さが染み込みやすくなります。
❷マイナスの行動ではなく，プラスの行動を取り上げ共有することで，学級全体の子どもたちの気持ちも前向きになります。

（小野寺　真里）

2章　第13節　「命の大切さを伝えたいとき」のお話　149

「命の大切さを伝えたいとき」のお話

第13節

全学年

奇跡の存在

>>> 子どもたちが前向きに力強く生活するための語り

ねらい 無気力でやる気のない子どもがいた際に，意表を突く発問を投げかけることで，子ども自身の前向きに力強く生きていきたいという気持ちを育てます。

2000万分の1（板書する）
これは，何の数字だかわかりますか。
実は，これは…

これは，宝くじで最高金額の7億円が当たる確率ですよ！
これを聞いて，どう思いますか？

実はね，この確率よりも，もっとずっとすごい「奇跡」のような確率のできごとがあるんですが，知りたいですか…!?

それはね…。
みなさんが，この世にいることなんですよ。

▶数字をじーっと眺める子どもたち

▶「えー！」「わからない！」などの声があがる

・宝くじのイラストをバーンとはる
・教師は，ニンマリ笑いながら伝える

▶「教えて！」と教師にせがむ声が聞こえる
▶「何で？」という声があがる

3億分の1（板書する）

これは，1人の人間がこの世に誕生する確率だといわれています。これは，宝くじで7億円が当たる確率のおよそ2000万分の1よりも奇跡的なことなのです。

（絵本の読み聞かせ（※）を行う）

どうでしたか。みなさんがご飯を食べている，しっかりと毎日寝ている，学校や家で生活している，そして息をして生き続けている。あなたたちがこの世界で生きて「いる」ということ自体が宝物ですし，奇跡的なことなのです！　だから，毎日を大切にして何事にも全力で取り組むということは，奇跡の存在としての自分の命を大切にしていることと同じなのです。

みなさんは，3億分の1の奇跡の存在です。だからこそ前向きに責任をもって生きていくことが大切なのですね。最後に，これからがんばりたいことを成長ノートに書いてみましょう。自分自身に力強く宣言してみてください。

※『あかちゃんはどうやってできるの？』コーリー・シルヴァーバーグ，フィオナ・スミス著（岩波書店）

▶子どもが集中し，教室が静かになる

・1人ずつ優しく見つめながら伝える

▶顔を見合わせ，優しく微笑み合う

・一人ひとりを見ながら力強く語る

▶前向きにがんばりたいことを集中して書いている

POINT

❶最初に，子どもたちの心を掴むインパクトのある発問を提示し，その発問が終盤で大きくひっくり返るような展開が望ましいです。

❷最後は，前向きに呼びかけることで，子どもたち自身が成長ノートを活用した決意表明などを行うと効果的です。

（小野寺　真里）

第13節 「命の大切さを伝えたいとき」のお話

低学年

命は，愛で育つ

>>> 生き物の命の大切さを伝えるための語り

ねらい 生活科の授業などと関連させ，植物の世話をすることを忘れがちになっている子が出始めたときに，動植物にもあたたかい気持ちをもって接していくことの大切さを伝えます。

（Aさんの朝顔の写真を提示する）

| 種 | 芽 | つぼみ | 花が咲く |

▶ 興味津々に写真に注目する
▶ 照れるAさん

この写真を見て，どんな気持ちになりましたか。
「だいぶ大きくなったな〜」
「僕は，お水をあげなくて枯れちゃった」
「毎日，Aさんは，お水をあげていたよ」

▶ 思い思いに自分の気持ちや考えを話す

　Aさんが毎日，朝顔のことを考えてお世話したから，大きく育ったのですよね。

・何も言わずに急に写真をはる

（教師の写真を提示する）

| 赤ちゃんのとき | 小学生のとき | 中学生のとき | 大人のとき |

▶ この次の話を期待しながらも，先が読めず，少し不安が入り交じった表情をしている

これは，先生です。生まれたときは，とても小さかったけど，今ではこんなに大きく元気に育ちました。何でだと思いますか。

「たくさんごはんを食べたから」

「ごはんは，お母さんがつくってくれたんだ」

「たくさんの人にお世話してもらったんだね」

そうですよね。たくさんの人が，先生のことを考えて，お世話してくれたから，大きくなれました。

このように，相手のことを考えて，相手のために行動することや，相手のことを大切に思う気持ちを，「愛」といいます。たくさんの愛をもらうと生き物は，大きく元気に育つのですね。

そして，愛を注いだ相手のことを，もっと好きになるのです。だからみなさんのお父さんやお母さんは，みなさんのことが大好きですよね。

みなさんの朝顔も，命があります。みなさんと一緒です。朝顔のお父さん，お母さんはだれですか？

そうですね。朝顔は，みなさんがお世話をしますよね。愛を注いで育てるのです。たくさんお世話をして，もっと大好きになっていってくださいね。

・自分の身体をつかい，身振り手振りを交えて話す
・ごはんを「食べさせてもらった」と，相手への思いに考えが向かうようにする
▶ 真剣な表情で話を聞いている
▶ 両親が自分に対して愛情を注いでくれていることに気がつく
・お世話を忘れがちな子と目を合わせて話す
▶ これからしっかり水やりをする決意をしている

第13節 「命の大切さを伝えたいとき」のお話

●P●I●N●T

❶植物を育てる学習では，途中でお世話をすることを忘れてしまう子が出てきがちです。そういう子どもに，自分と朝顔を重ね合わせることで，より植物の命の大切さを実感させることができるのではないでしょうか。

❷写真を用意し，視覚化して語ると，子どもたちが集中して話を聞きます。そうした「ひと手間」で，効果は大きく変わります。

（小野寺 真里）

2章 第13節 「命の大切さを伝えたいとき」のお話 153

「自主性を育てたいとき」のお話

　自主性とは，「決められた枠組みの中で自分の意志にもとづく行動力」のことです。自主性を育むことで，自ら考え，問題を解決しようとする力がつき，より良い人生を歩んでいける子どもたちに成長していくでしょう。

　しかし，実際の教室では，教師が効率良く時間内に終わらせることを優先した結果，先回りしてやり方を教えたり，指示を細かく出したりすることはよくあることではないでしょうか。そうすると，子どもたちは自分で考えたり行動したりすることをやめてしまい，「指示待ち人間」に育ってしまいます。

　反対に考えれば，その価値や必要性を子どもたち自身が感じることができたなら，自ら考え，行動しようとするはずです。そこで教師は，自ら気づき，行動する良さを伝える語りをします。そして，子どもの自主性が光る場面を見つけたら，些細なことでも認めて価値づけていくことが大切になります。

この節のポイント
①子どもが自主性の意義を知る
②教師が小さなことも認め励ます

子どもが自主性の意義を知る

　「自分たちで考えて動きなさい」と教師に言われて動くことは本当の自主性といえるのでしょうか。何のために自主的に動くのか，その良さや目的が見えないと，子どもたちはやらされ感を感じてしまい，決して長続きしません。

　そこで，今社会で活躍している偉人やスポーツ選手の話を通して自主性の意義を伝えていきます。例えば，史上最年少でプロ入りを果たした将棋棋士の藤井聡太氏は，将棋が好きなあまり，トレーニングを苦と感じず，いつも自主的に練習に励んでいたそうです。言われてやるのではなく，「自分から」行動することが，確実に自分の力になるということを子どもたちに伝えます。他にも，大谷翔平選手や児童がよく知る実在する人の話をすることで，自ら気づき，行動する意欲につなげていきます。

NHKスペシャル　天才棋士 15歳の苦闘 独占密着 藤井聡太
https://www.nhk.jp/p/special/ts/2NY2QQLPM3/episode/te/B79LRV4PLN/

 ## 教師が小さなことも認め励ます

　自ら気づき行動する力は，本来子どもたちに備わっている力です。例えば，そうじの時間，自分でそうじの仕方を工夫している子や，分担場所以外のところもきれいにしている子がクラスの中にいるのではないでしょうか。自ら考え行動している子がいるのに，そんな子どもの姿を見逃していると，その行動の価値や良さは広がってはいきません。「自分から行動しよう」という意欲を保てるように小さな成功体験を積ませていくことが必要です。

　まずは，子どもたちを眺めて，良いところを見つけようとする教師の目を育てていきます。そして，どんなに小さなことでも自ら考え，行動している子どもの行動や良さを見つけたら，クラス全体で認めていく教師の働きかけが大切です。

「自主性を育てたいとき」のお話

第14節

高学年

自分がつくった鎖を抜こう

>>> マイナスの思い込みから断ち切らせるための語り

ねらい

自分から責任ある役割に立候補する人が少ない学級の子どもたちに，人は思い込みで可能性を狭めてしまうということを語ることで，自分から行動しようとする自主性を育てます。

急ですが，これを見てもらってもいいですか？

このお話は，サーカスに出ている象のお話です。絵を見て気づいたことを，隣の人と話し合いましょう。

「鎖につながれてかわいそう」

「これで，逃げないのかな」

たしかに，象ほど体が大きければ，杭を根こそぎ引っこ抜くほどの力をもっているはずですよね。それなのに象はなぜ，逃げないのでしょう。

「外の世界がこわいから」

「食べ物がないと生きていけないから」

実は，サーカスの象が逃げないのは，「生まれたばかりの子象のときから杭につながれているから」なのだそうです。サーカスにいる象は，何度も何度

- 絵を見せながら子どもの中に入っていく

▶ 絵を見て考えたことを意欲的に話し合っている

- どんな考えでも受け入れ，笑顔でうなずきながら聞く

- 子どもの反応を見ながら目を見て，ゆっくり話す

- ゆっくりと染み入るように語る

も逃げようと試みています。でもそれは，子象のときでした。その頃は，小さくて，杭を引っこ抜くほどの力はありません。そして，ついに子象は逃げることをあきらめ「この鎖と杭につながれると逃げることはできない」と思い込んでしまいます。これが，サーカスにいる象が大きくなっても逃げない理由だそうです。

では，このお話は，何を伝えたいのでしょうか。

「"できない"と思っていると，できなくなる」

そうですね。<u>「私はこういう人だから」と思い込むことが，成長しない自分をつくり出す「目に見えない鎖」をつくっている，ということですよね。成長するかどうかは，自分の心が決めているのです。</u>

明日は，委員会の委員長を決めます。目に見えない鎖を抜いて，やってみようと思っている人，挑戦してみようと思っている人？

今，一歩踏み出そうとしている自分と仲間にエールの拍手を送りましょう。（拍手）

引用：『自分を磨く方法』アレクサンダー・ロックハート著（ディスカヴァー・トゥエンティワン）

▶「なるほど」と納得した表情をしている子や，うなずくなどのリアクションをとる子がいる

・力強く言い切る
・手を挙げやすいように笑顔で
▶手を挙げている子に正対して笑顔で拍手をしている

POINT

❶学級の気になることはあえて取り上げないことで，子どもたちからの考えを出しやすくさせます。その後に伝えたいことを提示することで，自分事として聞くことができるのではないでしょうか。

❷サーカスの象を話題に出すことで，象の鎖と自分の中の鎖をつなげて考えさせます。子どもたちの背中を押したいという教師の思いをどれだけ膨らますことができるかが大切です。

（髙田　ゆり彩）

2章　第14節　「自主性を育てたいとき」のお話　157

第14節 「自主性を育てたいとき」のお話

全学年

プラス1の努力

>>> 自分から取り組む意欲を高めさせるための語り

教師から指示されたことや与えられたものだけではなく、自分で必要だと思う事柄を自ら考え、取り組んでいる子どもを取り上げ、学級全体に自分から取り組もうとする意欲を高めさせます。

（漢字の宿題を出した次の日）
　昨日、漢字学習の宿題でびっくりしたことがあったんだけど、何人かのノートを紹介してもいい？

（3人のノートを見せる）
　Aさんは、自分が間違えやすそうな漢字だけ、3行多めに書いていますね。
　Bさんは、似ている漢字を並べて書いて、どこが違うのかをメモしながら練習しています。
　Cさんは、「とめ・はね・はらい」「でるのか、でないのか」など漢字のポイントを色分けして書いていますね。
　3人は、宿題で与えられたものに「プラス1の努力」をしているんですね。拍手を送ろう。

　突然ですが、この人を知っていますか？
　「大谷翔平選手です」（大谷選手の写真を提示）

▶興味をもって顔を上げている
・驚きが伝わるように大げさに話す
・ノートを見せながら子どもの中に入っていく
▶ノートを見ようと前のめりになっている
・明るくテンポ良く
▶笑顔で友達同士の顔を見合っている

そうです。世界で大活躍している野球選手，大谷翔平選手ですよね。大谷選手は，野球の技術だけではなく，自ら栄養士さんから食について学び，体づくりに必要な栄養素と量を学んだそうです。大谷選手の強さの秘訣は，この独自の体づくりだともいわれています。

漢字練習を工夫して取り組んでいた３人と，自分で考えて体づくりをしている大谷選手は，「プラス１の努力」をしていますね。言われたことをまずやってみる。それから，与えられたものに加えて，「プラス１の努力」を習慣にすると，確実に自分の力になるのですね。その力が人生を楽しくしてくれるのです。

学習だけではなく，給食の配膳やそうじなど，すべてのことにおいて「プラス１の努力」はできそうですね。隣の人に「あなたは，どんな『プラス１の努力』をしたい？」と聞いてみましょう。

参考文献：中日スポーツ・東京中日スポーツ　2021年11月19日

・ゆっくりと一言一言丁寧に語る
▶ うなずきながら，教師の話を聞いている

・価値が伝わるように嬉しそうに語る
▶ 他の子どもも笑顔になっている

▶ 自分もどんなプラス１をしようかと楽しそうに考えている

POINT

❶ 自主的に漢字学習に取り組んでいる児童を価値づけた後，大谷選手のエピソードを紹介しつなげて考えさせることで，その価値の大きさに気づかせます。

❷ 子どもたちにとって面倒くさいとされる「プラス１」が，自分の力になり，人生を楽しいものに変える価値あるものだと伝えます。自分から「やってみよう」という気持ちをどれだけ膨らませられるかが大切です。

（髙田　ゆり彩）

第14節 「自主性を育てたいとき」のお話

全学年

頼まれごとは試されごと

>>> 想像力を働かせ，行動する意欲を高めさせるための語り

ねらい 「次は何をすればいいですか」と教師の指示を待ってから行動する子どもが多くいる学級で，人間のもっている想像力を働かせ，自ら行動しようとする意欲をもたせます。

（ロボットが食事を提供している写真を提示）
AI（人口知能）を知っていますか。
「ロボットです」
「レストランで料理を持ってきてくれました」

20年後には，今ある仕事の何％が，AIに取って代わられてしまうといわれているでしょうか。隣の人と，予想しましょう。
「20％」「30％」
実は…50％！今ある仕事の半分ほどが，AIに奪われてしまうといわれています。

では，人間にできて，AIには難しいといわれていることとは，いったい何でしょう。
（「○○力」と板書する）
「思いやる力」「気づく力」
それらは，想像する力ですよね。AIは，言われたことや指示されたことをするのは得意です。しか

・写真を見せながら子どもの中に入っていく
▶ 何だろうと興味を示し，写真を見ようと前のめりになっている

・現状の深刻さを淡々と伝える
▶ 答えを聞いて，えー！と驚いている

・テンポ良く話す

160

し，人の思いに気づき，それに対して働きかけたりすることは苦手で，指示された以上のことを考えて行動することは，人間だけができることなんだそうです。

　私たちが生まれもっている「想像力」を生かすも殺すも自分次第。せっかく備わっている素晴らしい力を生かせる人でありたいですね。生かせる人は，きっと人の思いに気づき，自分から行動できる人ですね。

　次の時間は，運動会の準備です。○年生が頼まれているお仕事ですね。
　「頼まれごとは，試されごと」です。（板書する）
　さぁ運動会準備，想像力をいっぱい働かせて，期待以上の働きをしたいですね。
　「はい！」
　みなさんの仕事ぶりに期待しています。

参考HP：『AIと共存する未来』株式会社野村総合研究所
https://www.mhlw.go.jp/content/11201250/000885864.pdf

▶ 真剣な表情で教師の目を見て聞いている

・力強く言い切る

・緊張感をもたせるように，静かに語る
・期待感を伝えるように明るく笑顔で
▶ 明るく元気に返事をする

POINT

❶ AIに取って代わられてしまうという危機的状況を示し，人間にしかできない想像する力を普段から十分に働かせているかを振り返らせます。

❷ 活動させる前に語り，布石を打つことで，指示を待たずに働くという成功体験を積ませます。事後には振り返りを行い，具体的な児童の行動を価値づけると，より効果的です。

（髙田　ゆり彩）

第14節 「自主性を育てたいとき」のお話

中・高学年

型を壊そう

>>> 新しいものを生み出す意欲を高めさせるための語り

ねらい
初めての異学年交流で、1年生でも楽しく遊べるように工夫している子どもたちの具体的な姿を取り上げ、日常生活でも、自ら考え判断して行動し、現状をより良くしようとする意欲をもたせます。

（1年生との縦割り活動の後に）
　今日ね、4班は鬼ごっこをして遊んでいたのだけど、ただの鬼ごっこじゃなかったんだよね。どんな鬼ごっこだったと思う？
「鬼がいない鬼ごっことかかな」

　4班は、どんな鬼ごっこをしたのですか。
「6年生は、全員スキップにしました」
　どうして、ルールを変えたんですか。
「1年生でも楽しく遊べるように工夫した方が良いと思ったからです。話し合って決めました」

　4班のみんなは、鬼ごっこの本来のルールにとらわれずに、自分たちで話し合って、みんながより楽しく遊べるようにしたんだそうです。

（ディズニーランドの写真を提示する）
　みなさん、これがどこか知っていますか。

・少し間を空けて話すことで、子どもたちが予想できるようにする
▶ どんな鬼ごっこだったのか近くの友達と興味深そうにつぶやいている
・インタビュー形式で聞くことで、他の子どもたちを引きつける
・子どもたちの目線が4班のみんなに向かうように歩いていく

そうです。行くとみんなが笑顔になれる夢の国，ディズニーランドですね。

実は，ディズニーランドで働いているキャストさんには，細かい「マニュアル」がないそうです。なぜ「マニュアル」がないのでしょうか。

それは，お客さんにより喜んでもらいたいからなんだそうです。自分で考え判断して動くことで，ホスピタリティの力（おもてなしの力）が発揮できるとディズニーランドでは考えられています。

4班は，すでにあるルールではなく，みんなにとって楽しい遊びを考えたんですよね。良い意味で「型を壊した」のです。ディズニーランドのキャストさんと同じように，自ら考え判断して行動しています。

拍手を送るしかないですね。

次回の遊びを班のみんなで話し合いましょう。だれもが楽しい！と思える遊びになりそうですね。

参考文献：『9割がバイトでも最高の感動が生まれる ディズニーのホスピタリティ』福島文二郎著（KADOKAWA）

・写真を見せながら子どもの中に入っていく
▶ 予想していないディズニーランドの写真が出て，驚いて顔が上がる

・ゆっくりと一言一言丁寧に語る
▶ うなずきながら，教師の話を聞いている

・期待が伝わるように笑顔で
▶ どんな遊びにしようかと笑顔で考えている

POINT

❶型にとらわれない子どもたちの自由な発想を最初に取り上げて認めます。その後ディズニーランドを例に出すことで，より子どもたちの興味を引くようにします。

❷ディズニーランドのキャストさんと同じように，異学年の人たちを「楽しませたい！」「喜ばせたい！」という気持ちをどれだけ膨らませることができるかが大切です。

（髙田 ゆり彩）

「あなたの素晴らしさを感じさせたいとき」のお話

　第15節は、「あなたの素晴らしさを感じさせたいとき」のお話です。1年間を締めくくる「学級閉じ」の意味合いも含んでいます。

　1年間かけて、子どもたちが自分に自信をもち、自分のことが大好きになっていくようになることが、学級の大きなゴールの1つと考えます。そのような「確立した個」へと成長させることで、進学・進級した場所でも、前向きにがんばっていけるようになるからです。

　どの学級にも1年間を通してのドラマがあります。それらの中には良いことより悪いことが多くなってしまう1年間もあるかもしれません。それでも、これまでの節で書かれているような指導を前向きに取り組んできた学級は、必ず3月のゴールに向かって、学級の成長が加速していくはずです。

　この節は、学級が上昇の軌道に乗り最後のゴールに向かっていく、そんな12月頃から3月を想定しています。子どもたちの成長をもう一段高めさせていくことをねらいとしています。

この節のポイント
①子どもが「過去」「現在」「未来」の時間軸を意識できるようになる
②教師は「具体」→「抽象」の授業展開を意識する

子どもが「過去」「現在」「未来」の時間軸を意識できるようになる

　「学級閉じ」という意味では、子どもたちをより未来に対して前向きに、目標をもって行動できる「未来志向」の人間に成長させ、進学・進級させたいものです。そのためにも、事あるごとに、「過去」「現在」「未来」という時間軸を意識して指導をしていくことが、未来志向の人間に成長させていくことにつながります。

　4月時点と比べ、自分や学級が成長してきたことを振り返ることは、「過去」と「現在」をつないでいます。思考が時間軸を行き来しているのです。その経験をもとに、今度は「現在」と「未来」をつなぐことで、「自分はこれからどんな風に成長していくのだろう」という、前向きな人間を育てていくことにつながっていきます。

　もちろん、1回の授業で変わるわけではありません。日常の1時間の授業で書かせる「振り返り」も、こういった視点があるとより効果的でしょう。

教師は「具体」→「抽象」の授業展開を意識する

　当たり前ですが、学級の一人ひとり全員が、生まれながらにして価値のある存在であり、そこに優劣はありません。しかしながら、子ども同士で、「算数が苦手」「走るのが遅い」などの理由から、自分と友達を比較して、自分のことに自信がもてない子も多くいるように感じます。

　そうはいっても、「あなたたちは、生まれながらにしてみんな素晴らしい存在だよ」と子どもに抽象的な話をしても、なかなか納得はできません。まずは身近な、自分が経験したことをもとに考えさせることが肝要です。

　年度はじめからの学習や生活経験を想起させつつ、そこから未来へつながる話へと展開していくことで、子どもたちが「自分事」として捉えることができるのではないでしょうか。

第15節 「あなたの素晴らしさを感じさせたいとき」のお話

全学年

七転び八起き

>>> 全員，何度も立ちなおる強さをもっていることを確認するための語り

失敗をして落ち込んでいる場面などを想起させ，落ち込むことが悪いのではなく，そこから立ちなおっていくことに価値があるという視点をもたせることで，今の自分は強さをもち合わせていることに気がつかせます。

これは，だれでしょう？
（のび太のイラストを見せる）
「のび太！！」
そうですね。では，のび太について知っていること，何でもいいから言える人いますか。
「いつも失敗して泣かされている」
「でも，優しいところもある」
ドラえもんのお話の中で，『あの日あの時あのダルマ』というお話があるんです。のび太が幼い頃，庭で転んで泣いていると，病気で体調を崩しているおばあちゃんがダルマを持って駆けつけるんですね。
のび太は「病気だから寝てなきゃ」とおばあちゃんに言うのですが，おばあちゃんはのび太に向かってこう言うのです。
（その場面の漫画を黒板にはる）

・突然イラストを提示して，黒板にはる
▶知っているキャラクターに，笑顔になる

・発表者と全体をつなぎながら進める

・ゆっくりと，全員が理解できるように，確認しながら話を進める
▶音を立てず，真剣に教師の話を聞いている

> ダルマさんてえらいね。なんべんころんでも，泣かないでおきるものね。のびちゃんも，ダルマさんみたいになってくれるとうれしいな。ころんでもころんでも，ひとりでおっきできる強い子になってくれると………，おばあちゃん，とっても安心なんだけどな。

　のび太は，みんなも知っている通り，よく失敗をして落ち込みますよね。でも，必ず，立ちなおっています。立ちなおる強さをもっているんです。おばあちゃんが言った通り，成長しているのですよね。

　みなさんも，同じではないですか？　今まで，落ち込んだことはたくさんあったはずです。でも，時間が経てばしっかり立ちなおっているんです。

　それは，「成長するための強さ」です。それを全員もっているのです。すごいことですね。

参考文献：『小学六年生』1978年3月号／藤子・F・不二雄（小学館）

・さらにゆっくりと，一言一言丁寧に語る

▶「なるほど」という表情で教師の話を聞いている

▶「たしかにそうだ」と，多少の驚きをもった表情をしている

・実際にダルマを用意し，起き上がるところを見せながら語る

▶明るい表情で納得して聞いている

ＰＯＩＮＴ

❶子どもたちは，「立ちなおる強さ」というところに視点がいっていません。「失敗して落ち込んでも立ちなおれることが強い」のであると，ポジティブに考えさせることが大切です。

❷学級の中で，個人や全体が落ち込んでいる場面で実施することも考えられますが，反対に全体が落ち着いているときにじっくり考えさせることで，より自分自身について深く考えられるようになります。

（植本　京介）

第15節 「あなたの素晴らしさを感じさせたいとき」のお話

全学年

一人ひとり違っていい

>>> 一人ひとり違うからこそ価値があることを伝えるための語り

ねらい　友達と意見が違うことを恐れ，自分らしさを発揮できていない状況の際に，自分の考えを伝え友達の意見を聞き合うからこそ成長していけることを，実感を伴って理解させます。

　今から1枚の絵を見せます。何に見えるか，まだ言わないで，心の中にしまっておいてくださいね。

　では，何の絵に見えたか，班の人と，せーので言ってみましょう。いきます。せーの！
　「壺の絵！」
　「人が向かい合っている絵！」
　「えー！何で!?」
　「あ，本当だ！」

・「わかっても答えを言わない」と先手を打っておく
▶「わかった！」という表情になり，その答えを言いたくて仕方ない状態になっている

・明るく，ゲームのような雰囲気で
▶違う見方に気がつき，驚きながらも笑顔で話し合っている

168

そう，この絵は見方によって，2つの絵に見える
んですね。反転図形とか，多義図形という呼び方を
します。

何人かで話をすると，この絵に2つの見え方があ
ることに簡単に気がつくんです。でも不思議と，1
人で見ているときには，1つの見え方しか見えてこ
ないんですよね。

人によって，1つの物事に対して，見え方，考え
方が違うのはよくあることです。それに気がつける
のは，多くの人同士で，意見を伝え合うことができ
ているからこそです。

お互いが自分の考えを伝え合い，それを聞き合う
からこそ，色々な考えに気がつき，より人として幅
が広がっていきます。一人ひとりが違いを活かして，
みんなで成長していきましょう。

・子ども同士での話
し合いを止め，全
体でしっかりと教
師の話を聞く状況
をつくる
▶ 大きくうなずい
て聞いている

・身振り手振りを交
え，アイコンタク
トもとりながら

▶ 自分が人の役に
立てていること
を理解し，納得
した表情をして
いる

┌─ P O I N T ─
❶子どもたちは，「みんなと同じでなくてはいけない」という感覚を強くもっ
ています。そういった状況下においては，違いを楽しむ簡単な活動を通して
考えさせることが効果的です。活動を通した後，教師がその価値を自分の言
葉で語るからこそ，子どもたちの心により響くようになります。
❷「自分の意見を伝えたから，相手も成長できた」ということが大切です。自
分が必要とされている，ということを，体験を通して感じられると，自己肯
定感が少しずつ高まっていきます。

（植本　京介）

第15節 「あなたの素晴らしさを感じさせたいとき」のお話

高学年

一人ひとり違っていい②

>>> 一人ひとり違うからこそ価値があることを実感させるための語り

ねらい　友達や周りと同じようになることだけにとらわれるのではなく，一人ひとりの違いを活かし，その違いを精いっぱい活かそうとすることこそ，価値があることを実感させます。

　突然ですが，2003年に発売されて，とても有名になった曲を紹介してもいいですか？
（花屋の写真を見せる）

　これは『世界に一つだけの花』という曲です。聞いたことある？　そうしたら，せっかくだからみんなで聞いてみましょうか。
（♪『世界に一つだけの花』）

　とても素敵な曲ですよね。この曲がヒットしたのは，曲調もそうですが，歌詞がとても当時の日本人に響いたからと言われています。
（歌詞が書かれた模造紙を黒板にはる）
　もちろん，全部で1つの作品なのですが，先生が一番好きなのは，ここです。
（当該箇所を四角で囲む）

・子どもたち同士で相談させ，何人かに発表させる

▶聞いたことがある子も初めて聞いた子もいる

・子ども同士で曲を聞いた感想を言い合わせてもいい

▶曲調について，または歌手について，興味をもっている子が多い

170

> 世界に一つだけの花
> 一人一人違う種を持つ
> その花を咲かせることだけに
> 一生懸命になればいい

　人と自分を比べてしまう気持ちは，よくわかります。先生も，よくあります。

　でも，人と同じであることや，人と比べて何かに優れているかどうかは，大して重要なことではないのです。それよりもっと大切なことは，今の自分の力を発揮しながら，その力を伸ばすこと。そしてその力を，人や社会のために使うことなのです。

　人と違うことは，当たり前。そして，人と違うからこそ，そんなあなたが素晴らしいのです。人との違いを活かし，それをみんなのために役立てられる自分を，好きになっていってくださいね。

・指で示した歌詞を全体で声を揃えて読ませる
▶ 意味を考え，真剣な顔をして読んでいる
・強めの口調で，一人ひとり，特に周りの目を気にして行動してしまう子を中心に，目を見て語る
▶ 自分に向けて話をされていることを強く意識し，聞いている

POINT

❶ 日常的に，様々な場面で，一人ひとりの違いが活きている場面を取り上げ，全体にその価値を共有していくことが大切です。

❷ 高学年になるにつれて，友達との違いを気にし，自分に自信がもてなくなってくる子が増えます。それは教師が，何でもできる子に焦点を当てがちであることも，要因の１つかもしれません。そういったことの積み重ねが，子どもたちの意欲をそぐ可能性があることを，配慮しておく必要があります。

（植本　京介）

第15節 「あなたの素晴らしさを感じさせたいとき」のお話

中・高学年

道

>>> 未来を前向きに捉えさせるための語り

ねらい　3月に入り，進学・進級を前にした場面で，これまでのがんばりが自分たちの成長につながったことを確認した後，これからも未来に向かって挑戦し続ける態度を育てます。

　この方，みなさん知っていますか？
（写真を見せる）
　元プロレスラーであり，国会議員も務めた，アントニオ猪木さんです。
　猪木さんが引退スピーチで披露した，とても有名な言葉があるので，紹介します。見ていてくださいね。

この道を行けば　どうなるものか
危ぶむなかれ　危ぶめば道はなし
踏み出せば
その一足が道となり　その一足が道となる
迷わず行けよ　行けばわかるさ

　この詩は，どんなことを伝えようとしていますか？
　「初めの一歩が大切」「道は自分でつくるもの」
　その通りですよね。新しいことに挑戦することに，

・笑顔で
▶興味をもって写真を見る
▶数人は知っているが，知らない子も多い

・ゆっくり丁寧に書き，注目を促す
▶音を立てず，教師のチョークの先を集中して見ている

・子どもから出た意見をつなげて，その価値を伝える

172

大きな価値があるということです。

　先ほど，学級会の様子を見ていたら，先生が多く
を言わなくても，自分たちで進めていましたよね。
でも，当たり前ですけど，4月の初めから，こうい
うことができたわけではありませんよね。みなさん
が1年間，新しいことに挑戦し続けてきた結果，今
では当たり前にできるようになったのです。

　4月からは，中学生（〇年生）ですね。不安な人
も多いと思います。新しい環境に行くと，うまくい
っていた過去を振り返りたくなります。

　でも，振り返ってばかりでは，成長できません。
今年のみなさんがそうであったように，勇気を出し
て前に進むからこそ，新しい力が身につき，成長で
きるのです。

　前に一歩進み，自分の道をつくっていってくださ
い。今のみなさんなら大丈夫！　一歩ずつ，力強く
歩んでいってくださいね。

・間をとったり，話
　すスピードを落と
　したりして，より
　子どもたちを引き
　つける
　▶ 少し緊張感をも
　　ちながら
・ゆっくり，子ども
　たちの反応を見な
　がら丁寧に語る
・笑顔で子どもたち
　の背中を押すよう
　に明るく話す
　▶ 引き締まった表
　　情ながらも，明
　　るい雰囲気にな
　　る

❶ＰＯＩＮＴ

❶自分たちの成長を実感し，学級に居心地の良さを感じているからこそ，次の
　ステージに対して不安を感じている子は多いものです。だからこそ，この1
　年間の成長を束ね，未来をつなげた指導が必要なのです。
❷すぐに響く言葉ではないのかもしれません。「数年後，どこかで思い出して
　くれたらいいな」くらいの余裕をもつと，あたたかいメッセージとして伝え
　られるように思います。

（植本　京介）

【執筆者紹介】（執筆順）

菊池　省三　菊池道場道場長

植本　京介　千葉県船橋市立田喜野井小学校

髙田ゆり彩　埼玉県越谷市立南越谷小学校

堀越　　嵐　千葉県柏市立松葉第一小学校

神﨑　哲野　群馬県高崎市立城南小学校

山田　明依　東京都中野区立塔山小学校

小野寺真里　千葉県鎌ケ谷市立初富小学校

浦野　道春　埼玉県川口市立安行小学校

森　　匡史　千葉県鎌ケ谷市立初富小学校

【著者紹介】

菊池　省三（きくち　しょうぞう）
愛媛県出身。「菊池道場」道場長。
小学校教師として「ほめ言葉のシャワー」など現代の学校現場に即した独自の実践によりコミュニケーション力あふれる教育を目指してきた。
2015年3月に小学校教師を退職。自身の教育実践をより広く伝えるため，執筆・講演を行っている。

菊池道場（きくちどうじょう）

菊池省三　365日の良いお話　小学校
教師の語りで紡ぐ最高の教室

2025年2月初版第1刷刊	©著　者	菊　池　省　三
2025年4月初版第2刷刊		菊　池　道　場
	発行者	藤　原　光　政
	発行所	明治図書出版株式会社

http://www.meijitosho.co.jp
(企画)茅野　現　(校正)井村佳歩
〒114-0023　東京都北区滝野川7-46-1
振替00160-5-151318　電話03(5907)6702
ご注文窓口　電話03(5907)6668

＊検印省略　　　組版所　長野印刷商工株式会社

本書の無断コピーは，著作権・出版権にふれます。ご注意ください。

Printed in Japan　　　　　　　　ISBN978-4-18-526527-0
JASRAC 出 2407022-502
もれなくクーポンがもらえる！読者アンケートはこちらから→

菊池省三 365日シリーズ

菊池省三 365日の学級経営

●A5判・168頁 2,266円（10%税込） 図書番号 2165

「ほめ言葉のシャワー」をはじめ、特徴的な実践をもとに荒れた学級を次々に立て直してきた、菊池省三氏。その菊池氏が学級づくりで大切にしてきた、8つのメソッドを解説するとともに、どのようにそのメソッドを生かしながら、1年間の学級づくりを行えばよいか大公開。

菊池省三 365日の価値語

●A5判・144頁 2,046円（10%税込） 図書番号 2311

価値語とは、考え方や行動をプラスの方向に導く言葉です。価値語の指導を行うことで、子どもたちの言語環境や心は豊かになり、笑顔になっていきます。学級開きから3学期まで、それぞれの時期にどのような価値語を伝えればよいかをまとめた価値語完全本です。

菊池省三 365日のコミュニケーション指導

●A5判・168頁 2,266円（10%税込） 図書番号 2642

「言葉で人を育てる」ことを大切に指導を続けてきた、コミュニケーション教育のプロ・菊池省三氏。本書では、その菊池先生の特徴的な実践を6つのメソッドとして紹介するとともに、1年間の指導の道筋と実例を大公開。コミュニケーション力UPに必携の1冊です。

菊池省三 365日の言葉かけ

●A5判・184頁 2,310円（10%税込） 図書番号 3173

本書は、「言葉で人を育てる」という理念を大切に指導を続けてきた菊池省三氏が、「この言葉かけで子どもを育てることができる」と確信した言葉を集めたものです。全国のどの教室にもある授業場面を取り出し、その場面に合った具体的な言葉かけを、140個例示。

明治図書　携帯・スマートフォンからは **明治図書ONLINEへ** 　書籍の検索、注文ができます。　▶ ▶ ▶

http://www.meijitosho.co.jp　＊併記4桁の図書番号（英数字）でHP、携帯での検索・注文が簡単に行えます。

〒114-0023　東京都北区滝野川7-46-1　ご注文窓口　TEL 03-5907-6668　FAX 050-3156-2790